Ralf-Peter Märtin

DIE ALPEN IN DER ANTIKE

Von Ötzi bis zur Völkerwanderung

Mit einem Nachwort
von Christoph Ransmayr

S. FISCHER

MIX
Papier aus verantwortungsvollen Quellen
FSC® C083411

Erschienen bei S. FISCHER
2. Auflage August 2017

Karten und Graphik:
S. 18, 34, 38, 89, 123, 127 © Peter Palm, Berlin
Wir danken folgenden Rechteinhabern für den Abdruck:
S. 22 © Südtiroler Archäologiemuseum / Sara Welponer
S. 57 © Osprey Publishing, part of Bloomsbury Publishing Plc.
S. 66 © Greenhill Books, London
S. 96 Interfoto

Satz: Dörlemann Satz, Lemförde
Druck und Bindung: CPI books GmbH, Leck
Printed in Germany
ISBN 978-3-10-002539-5

DIE ALPEN IN DER ANTIKE

Inhalt

Die Alpen: Von der Wildnis zur Kulturlandschaft

Man kann nicht sagen, dass die Antike die Gebirge schätzte. Für den Handel waren sie ein Hindernis, militärisch nicht einmal zur Verteidigung brauchbar, da man jede Stellung umgehen konnte, wie der Kampf bei den Thermopylen (480 v. Chr.), gegen Hannibal und gegen die Kimbern und Teutonen bewies. Schlachten schlug man in den Ebenen, ob an Land oder auf See. Wer sich ins Gebirge flüchtete wie der Perserkönig Dareios vor Alexander dem Großen, galt als Verlierer und war es auch. Stämmen wie den Germanen, die sich mit Hilfe ihrer Wälder und Sümpfe zur Wehr setzten, oder den Bewohnern des Balkans und der Alpen, die auf ihre Berge und Schluchten vertrauten, blieb nichts anderes übrig, da ihre militärischen Mittel nicht ausreichten, um der griechischen Phalanx oder der römischen Legion die Stirn zu bieten.

Natur ist für die Alte Welt immer Wildnis. Sie taugt zu nichts, als in ihrer lebensfeindlichen Ödnis den Göttern auf den höchsten Gipfeln Wohnsitz zu bieten. So auf dem griechischen Olymp Zeus, auf dem sizilischen Ätna dem Schmiedegott Hephaistos, auf dem Nimrud Dagh diversen orientalischen Göttern, Jahwe auf dem Mosesberg auf der Sinaihalbinsel. Wildnis muss in Kulturlandschaft umgewandelt werden, nur so kann sie dem Menschen gefallen und nützen. Wenn der griechische Geograph Strabo (63 v. Chr. – 19 n. Chr.) über die Insel Zypern berichtet, beklagt er den Umstand, dass »die Ebenen so voll dichter Waldungen gewesen seien, dass man vor lauter Holz keinen Feldbau habe treiben können«. Gott sei Dank, fährt er fort, hätten die Kupfer- und Silberbergwerke »diesem Übelstande einigermaßen abgeholfen, da man zum Schmelzen des Kupfers und Silbers viele Bäume gefällt habe, auch sei der Schiffbau für die Flotten hinzugekommen«. Aber das reichte immer noch nicht, um die Wälder verschwinden zu lassen. Deshalb »hätte man allen, die es wollten und konnten, Holz wegzuhauen, den so gereinigten (sic! Anm. d. Verf.) Boden als steuerfreies Eigentum zu besitzen gestattet«.

Der römische Dichterphilosoph Lukrez (94–55 v. Chr.)

sah es genauso. In seinem Lehrgedicht »Das Wesen der Welt« (De rerum natura) führte er aus, was er unter einer dem Menschen förderlichen Kulturlandschaft verstand: »Täglich in stärkerem Maße zwang man die Wälder zum Rückzug hoch in die Berge, zum Vorteil des Landmanns am Fuße der Höhen. Wiesen und Teiche, Kanäle, üppige Weinberge, Äcker wollte man nutzen auf Hügeln und Ebenen, Ölbäume sollten, über die Wellen des Bodens, durch Täler und Flachland, in bläulich schimmernden Streifen sich abheben von den anderen Kulturen. Derart erblickst du das Land überall jetzt gefällig gegliedert. Schmücken die Menschen es doch mit köstlichen Sorten von Baumobst, haben es ringsum bepflanzt mit fruchtbarem Strauchwerk und Reben.«

So geschah es auch mit den Alpen. Die fruchtbaren Talböden erschloss man für den Ackerbau, die Hänge bepflanzte man mit Wein, die Almen nutzte man für die Viehzucht, die Rohstoffe Kupfer, Salz und Eisen förderte man in Bergwerken, die alpinen Transitrouten verwandelte man in ein Straßennetz. Die Wildnis abseits und über den Siedlungen überließ man den wilden Tieren und den Außenseitern, die als Gesetzlose die Vorzüge einer menschlichen Gemeinschaft nicht zu schätzen wussten.

I

Wie und warum Ötzi, der Tiroler Eismann, starb

»Oft ist ein guter Tod der beste Lebenslauf.«

Johann Christian Günther

Er hatte eine der besten Epochen der Menschheitsgeschichte erwischt, Ötzi, der Eismann, der zwischen 3350 und 3100 vor Christus lebte und seit seiner Entdeckung am 19. September 1991 seinen ersten Platz verteidigt: als älteste Feuchtmumie der Welt.

Die letzte Eiszeit (Würm) war lange vorbei. Um 22 000 v. Chr. hatte sie ihr Maximum erreicht und die Alpen unbewohnbar gemacht. Die Täler füllten sich mit Gletschern. Die durchschnittliche Sommertemperatur betrug zehn Grad weniger als heute. Das Eis breitete sich im Westen bis Lyon aus, im Norden bis Solothurn und Schaffhausen. Der Rhone-Gletscher wuchs auf dreihundert Kilometer

Länge an und stieß bis zum heutigen Genf vor. Der alpine Eisschild, mit einer Mächtigkeit von 2000–3000 Metern, bedeckte in dieser Zeit 150 000 km^2. Der Meeresspiegel lag 120 Meter tiefer. Wer es wollte, konnte von Frankreich nach England zu Fuß gehen.

Im Nachhinein betrachtet, erwiesen sich die Eiszeiten als unschätzbarer Vorteil. Erst die Gletscher machten die Alpen bewohnbar. Sie erweiterten und verbreiterten die Täler. Sie schufen die Hangterrassen, die später die bevorzugten Orte für Siedlungen, Äcker und Weiden abgaben. Mit ihrer Hobelwirkung sorgten sie für niedrige und gangbare Joche und Pässe. Die aufgeschobenen Moränen förderten die Bildung von fruchtbaren Böden. Der einzige Nachteil dieser gigantischen Modellierung eines Gebirges waren die u-förmigen Trogtäler. Ihre übersteilen Flanken neigten zu Bergstürzen, die ganze Flüsse aufstauen konnten, wie am Rhein geschehen.

Bereits um 13 000 v. Chr., als sich die letzten eiszeitlichen Gletscher zurückziehen, dringen mittelsteinzeitliche Jägergruppen in die Alpen vor, angelockt vom reichen Wildbestand:

Rothirsch und Reh in den Tälern, Steinbock, Gämse, Murmeltier und Bär in den höheren Lagen. In Südtirol wird bei Riparo Dalmeri auf 1240 Metern ein Lagerplatz von Steinbockjägern aus der Zeit um 11 000 v. Chr. ausgegraben. Ab 9600 v. Chr. kann man ihre Existenz auch im Hochgebirge nachweisen. Vielleicht waren es die gleichen, die das Tal von Valcamonica mit Felszeichnungen zu verzieren begannen, auf denen Jagdmotive, Hirsche, Speere, Pfeile und abstrakte Figuren vorherrschen. Wahrscheinlich beschworen die Schamanen auf diese Weise das Jagdglück. Die geschätzten 300 000 Petroglyphen, die bis in die römische Zeit reichen, gehören heute zum UNESCO-Weltkulturerbe. Rätselhaft hinsichtlich ihrer Bedeutung sind auch die im gesamten Alpengebiet vorkommenden Schalensteine: Steinblöcke, die mit künstlichen Vertiefungen versehen sind, die an Näpfe erinnern. Allein in der Schweiz und Südtirol sind über tausend von ihnen bekannt und dokumentiert.

Ab 8000 v. Chr. erreichen die Temperaturen das heutige Niveau. Lagerplätze der Jäger finden sich nun schon in 2000 Meter Höhe, etwa im Ötztal beim Ullafelsen. Auf diesem Fundplatz, der etwa ab 9000 v. Chr. benutzt wird, finden sich Mikrolithen (Feuersteinabschläge), die auf eine Jagd mit Pfeil und Bogen hinweisen. Ihre Herkunft aus Bayern und Oberitalien beweist, dass schon um diese Zeit die Alpen keine Grenze, sondern eine Transitzone darstellten. Der vom Schnals- ins Ötztal wandernde Ötzi steht somit in einer jahrtausendealten Tradition der Nutzung der Hochalpen als Jagdgebiet. Kontakte über die Gebirgsketten waren zu seiner Zeit nichts Besonderes mehr, sondern längst üblich.

Relativ spät, im 5. Jahrtausend v. Chr. (4000–3500 v. Chr. nachweisbar), aber noch rechtzeitig für Ötzi, werden die Alpen von der neolithischen Revolution erfasst. Aus dem Vorderen Orient kam eine neue Wirtschaftsweise. Über das Mittelmeer erreichten Siedler und das mit ihnen reisende Wissen die Südseite, über die Donau und den Balkan die Ostseite der Alpen. Statt die Nahrung zu sammeln, setzte sich die bäuerliche Lebensweise, geprägt durch Ackerbau und Viehzucht, durch. Die Menschen wurden sesshaft und betrieben Landwirtschaft. Gerste und Weizen aus Europa, Emmer und Einkorn aus dem Nahen Osten bildeten fortan die Ernährungsgrundlage. Statt Tiere zu jagen, domestizierte man sie und machte sie zu Haustieren. Die einheimischen Rassen, Rind und Schwein, ergänzte man durch Schaf und Ziege aus Vorderasien. Umfangreiche Abholzungen der Wälder, um Ackerland zu schaffen, und extensive Viehhaltung erzeugten einen »ersten Treibhauseffekt« mit steigenden CO_2-Werten, der in Süddeutschland zu oberitalienischen Temperaturen führte. Dieses menschliche Eingreifen in die Natur und in der Folge das feucht-warme Klima des sogenannten Atlantikums (6000–3400 v. Chr.), das die Baumgrenze auf 2200–2300 Meter Höhe anhob, begünstigten den Erfolg dieser neuen Art des Wirtschaftens.

Rasch stellte sich heraus, dass gerade Schafe sich hervorragend für die höheren Bergregionen eigneten. Schon seit dem 5. Jahrtausend v. Chr. wurde es üblich, die Tiere im Sommer auf die Almweiden zu treiben (Transhumanz). Wie stets bei solchen gesellschaftlichen Umbrüchen gab es Verlierer. Die nicht anpassungsbereiten Jäger- und Sammler wurden ins Hochgebirge abgedrängt. Das Bewusstsein davon lebt in den Sagen fort, die in den Alpen über die »Wilden Männer« erzählt werden.

Ötzi profitierte nicht nur von diesen Innovationen. Um 3500 v. Chr. erfand man das Scheibenrad und den Hakenpflug und züchtete eine neue Schafsrasse, die nicht nur Fleisch, sondern auch Wolle lieferte. Vor den Wagen und den Pflug spannte man erstmals Rinder und Pferde, mit dem Ergebnis, dass viel größere Felder bearbeitet und damit die Ernteerträge enorm gesteigert werden konnten. Die Fruchtwechselsysteme mit Sommer- und Wintergetreide kamen auf. Die gängigen Sorten wurden um Dinkel und Rispenhirse erweitert, dazu traten als Eiweißlieferanten Hülsenfrüchte: Linse, Erbse und Saubohne. Die Landschaft erhielt ein »mosaikartiges Aussehen, neben kultivierten und beweideten Stellen gab es viele bewaldete und kaum genutzte Gebiete«. Der Typus dieser halboffenen Landschaft wird die Alpen vom Neolithikum bis zum Frühmittelalter prägen.

Mit dem Beginn der Metallurgie ging die Steinzeit zu

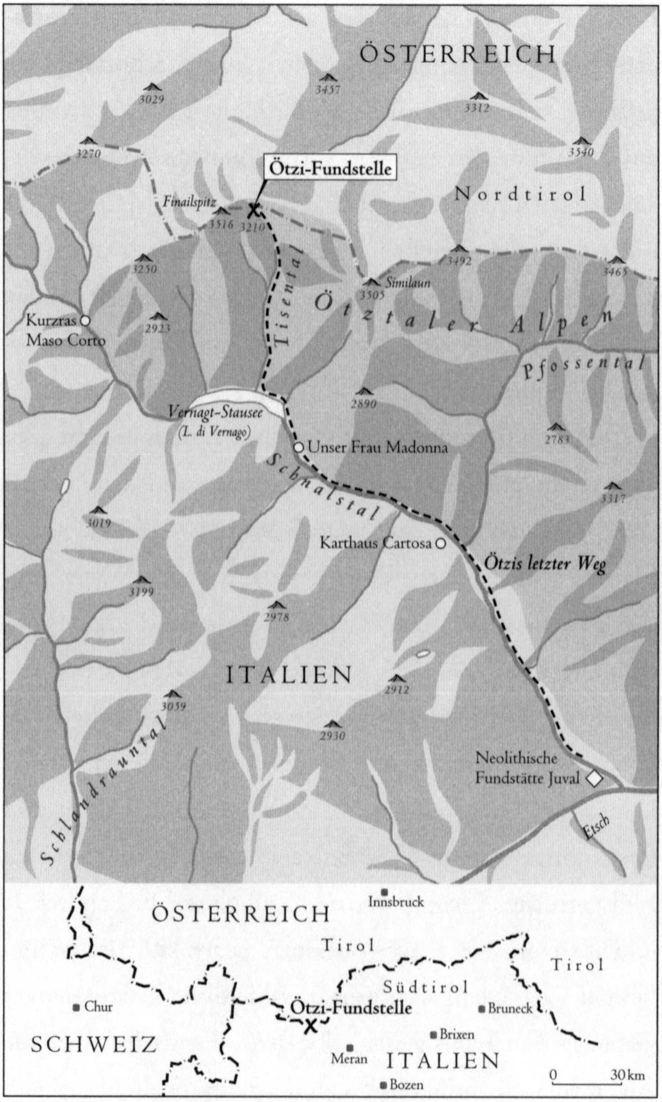

Ötzi-Fundstelle am Tisenjoch in den Ötztaler Alpen

Ende, und die Kupferzeit beginnt. Der erste Kupferabbau lässt sich in Anatolien im 7. Jahrtausend v. Chr. nachweisen, im 5. Jahrtausend ist die Technologie bis Südosteuropa vorgedrungen, ab Ende des 4. Jahrtausends wird erstmals Kupfer in den Alpen abgebaut und zu Dolchen, Beilen und Schmuck verarbeitet. In Brixlegg in Tirol finden sich Kupferschlacken aus der Zeit um 4000 v. Chr., im Salzkammergut beginnt die Verarbeitung seit der Mitte des 4. Jahrtausends. Sie umfasste nicht nur den Bergbau, sondern auch die Erzaufbereitung und Verhüttung. Im Ergebnis wurden »die Alpen zum Bergbauzentrum Mitteleuropas«. Daraus resultierten Handelswege über die Pässe, denn die Bergbauzonen waren auf Austausch angewiesen: Nahrung gegen Metall. Die neue, leistungsfähige Wirtschaftsweise, die einen Bevölkerungsschub in den Alpen auslöste, erforderte ein weitgespanntes Handelsnetz für Rohstoffe, dazu Spezialisierung und Arbeitsteilung. Die Berufe der Schmiede, Bergleute und Händler entstanden und mit ihnen unterschiedliche Eigentumsverhältnisse. Soziale Hierarchien bildeten sich, gekennzeichnet durch Stammesstrukturen mit Häuptlingen (headmen), die sich auf die Sippenältesten stützten. Das ist die Gesellschaft, in die Ötzi hineingeboren wird. Wir werden untersuchen, welche Rolle er in ihr spielte.

An einem Morgen im Frühjahr oder Frühsommer bricht Ötzi ins Hochgebirge auf. Wir wissen es, weil sich in seinem Dickdarm Pollen der Hopfenbuche fanden, und deren Blütezeit endet im Juni. Ötzi ist Mitte vierzig, mit einer Abweichung von plus / minus fünf Jahren, 1,60 Meter groß, wiegt 53 Kilo und hat Schuhgröße 38. Sein schwarzes welliges Haar geht in einen struppigen Bart über, aus dem braune Augen hervorblitzen. Er ist ein drahtiger Typ, durchtrainiert mit kräftigen Beinmuskeln, aber körperlich gearbeitet hat er nie: An seinen Händen findet sich keine einzige Schwiele. Der Geochemiker Wolfgang Müller hat mit Hilfe einer Isotopenanalyse seine Herkunft erforscht. Seine Jugend hat er im Eisacktal, in der Gegend des heutigen Brixen, verbracht, als Erwachsenen zieht es ihn in den Vinschgau.

Die Wissenschaft hat Ötzis sämtliche Krankheiten offengelegt. Seine Lungen waren schwarz, denn er bereitete seine Nahrung am offenen Feuer zu, an dem er sich auch wärmte. Milch und Butter vertrug er nicht wegen einer Laktoseunverträglichkeit. Joghurt und Käse, da vergoren, konnte er aber zu sich nehmen. Peitschenwurm-Larven im Darm plagten ihn mit Durchfall, im Magen quälte ihn der Helicobacter-pylori-Erreger. Auch ist er der erste Mensch, bei dem eine durch Zecken ausgelöste Borreliose diagnostiziert wurde. Ansonsten litt er an den bekannten Alterserscheinungen: kaputte Bandscheiben, abgenutzte Gelenke, drei Gallensteine, und natürlich hatte er Zahnschmerzen. Eine genetische Veranlagung für Herz-Kreislauf-Erkrankungen begann, seine Arterien zu verstopfen. Alles nicht so schlimm, meint Albert Zink, Direktor des Instituts für Mumien (EURAC) in Bozen: »Trotz seiner Wehwehchen war er für sein Alter noch ziemlich gut beieinander.« Außerdem wusste sich Ötzi zu helfen. 61 Tätowierungen schmücken seine Haut, um die Schmerzen der Arthrose zu lindern. Die feinen Schnitte, in die Holzkohle gerieben wurde, folgen den Akupunkturlinien und stellen den Heilern der Kupferzeit ein hervorragendes Zeugnis aus.

Obwohl Ötzi klimatisch im Subboreal lebt, in dem es warm und trocken ist, weiß er aus Erfahrung, dass dort, wohin er will, am Tisenjoch in 3200 Metern Höhe, ein anderer Wind weht als in seinem Dorf im Tal. Dementsprechend kleidet er sich ein. Legt den Lendenschurz aus Ziegenleder um, befestigt seine Leggins aus elastischen kleinen Ziegenfellstücken mit Strapsen am Gürtel, wirft sich den Mantel aus Ziegenleder über, dessen behaarte Seite nach außen zeigt. Er fährt in seine Schuhe aus Hirschleder, die mit Heu gefüttert sind, das Lindenbastschnüre fixieren und so seine Füße warm halten. Ein Riemen unter dem Schuh verhindert das Ausrutschen. Ein Nähset mit Knochenahle sorgt für Unabhängigkeit in puncto textile Reparaturen. Eine Feuerkonserve, bestehend aus Zunder und Zunderschwamm und einem Pyritknollen, eingepackt in ein Gefäß aus Birkenrinde, erlaubt ihm, binnen einer Minute ein Feuer zu

Der Eismann Ötzi mit wetterfestem Umhang aus Grasbinsen

entfachen. Für alle Fälle versieht er sich mit einem Birkenporling: Der Pilz hat eine antibiotische Wirkung.

An Waffen wählt er einen dreizehn Zentimeter langen Dolch, dessen Feuersteinklinge aus dem Gebiet der Monti Lessini östlich des Gardasees stammt, dazu einen 1,82 Meter hohen Bogenstab aus Eibenholz, der bei dreißig bis fünfzig Meter Schussdistanz das angepeilte Ziel mit tödlicher Wirkung durchschlägt. Der Bogen ist noch nicht gebrauchsfertig, kann es jedoch rasch werden. Nur das Glätten des Holzes ist nötig und das Anbringen von Nocken für die Bogensehne. Wenig Aufmerksamkeit hat er auch auf die Pfeile in seinem Köcher verwendet. Nur zwei sind schussbereit mit Silexspitzen und Befiederung, zwölf weitere warten als Rohschäfte noch auf die Bearbeitung. Sein wertvollstes Stück ist ein geschäftetes Beil mit einer 9,5 Zentimeter langen Kupferklinge. Sie stammt aus dem Salzburger Land und taugt sowohl als Waffe wie als Arbeitsinstrument. Das Beil weist ihn als Mitglied einer kriegerischen Elite aus, als Anführer oder Vorsteher seiner bäuerlichen Gemeinschaft. Auf einem Bildstein in der Nähe von Algund am Eingang des Vinschgaus sind die Statussymbole eingemeißelt, die den Führungsschichten zukamen: Dolche und Beile. Noch tausend Jahre später wird Kupfer als seltenes Material nur der Oberschicht vorbehalten sein und gerade die Streitaxt eine besondere Rolle als Standeszeichen spielen. Ötzi nimmt seine Kraxe auf, eine

Rückentrage aus einem u-förmigen Holzgerüst, auf dem ein Fellsack befestigt ist, stopft getrocknetes Steinbockfleisch als Reiseproviant hinein und sorgt mit einer Grasbinsenmatte für den Schutz gegen Regen. Dann stülpt er sich seine Bärenfellmütze über. Es kann losgehen.

Ötzis Ausrüstung ist absolut hochgebirgstauglich und verweist mit ihren Materialien und Waffen auf ein Mitglied der Oberschicht. Darüber hinaus macht sie ihn unabhängig. Er ist jederzeit in der Lage, alles, was er trägt, auszubessern oder fehlende Dinge mit den mitgeführten Gerätschaften anzufertigen. Ötzi steht in einer langen Tradition des Wanderns und Jagens im Gebirge. Er zeigt »deutlich das hohe technische und kulturelle Niveau, das das Leben in den Alpen inzwischen erreicht hat«. Sein geplanter Aufstieg zum Tisenjoch belegt die genaue Kenntnis der Verbindungen von Tal zu Tal.

Einen oder wenige Tage vor seinem Aufbruch hat Ötzi sich eine schwere Schnittwunde an der rechten Hand zwischen Daumen und Zeigefinger zugezogen. Die tiefe Fleischwunde reicht bis auf den Knochen. Ein Gebrauch der verletzten Hand ist ausgeschlossen. Der Pathologe Eduard Egarter Vigl, verantwortlich für die Konservierung von Ötzi, nennt es »eine typische Abwehrverletzung«. Dermaßen gehandicapt, steigt der erfahrene Jäger von seinem Dorf 2000 Höhenmeter auf, erreicht das Joch und setzt sich nieder, um zu essen. Wir wissen es, weil sein Mageninhalt seine Geheimnisse preisgab. Ötzi aß das mitgenommene Steinbockfleisch, Brot, dazu ein Stück Apfel und viel Speck. Hat er sich verfolgt gefühlt? »Wer auf der Flucht ist, schlägt sich nicht dermaßen den Magen voll«, kommentiert der bereits zitierte Albert Zink.

Ging man bis zum Jahr 2001 davon aus, dass Ötzi ein Opfer eines plötzlichen Wetterumschwungs geworden und erfroren sei, so erwiesen eine Röntgenaufnahme und eine Computertomographie sein gewaltsames Ableben. Man fand in seinem Körper eine 2,7 Zentimeter lange, 1,8 Zentimeter breite Pfeilspitze, die sein Schulterblatt durchschlagen, sich durch ein Nervenbündel gebohrt und die Schlüsselbeinarterie zerfetzt hatte. Der aus großer Entfernung geschossene Pfeil – er hatte den Körper nicht durchbohrt – war tödlich. Ötzi, von hinten getroffen, brach zusammen und blutete aus, so sehr, dass man kein Blut mehr in der Mumie fand und seine Blutgruppe, es war Null, mit Hilfe seiner DNA bestimmen musste. Als Folge des Treffers schlug er mit dem Kopf auf einen Stein. Das daraus entstandene schwere Schädel-Hirn-Trauma bewirkte zwei Blutergüsse im Großhirn. Als Alternative wäre auch ein Schlag auf den Kopf denkbar, der den Schädelbruch verursachte.

Wie jeder Kriminalfall schrie auch dieser nach Aufklärung. Wurde Ötzi ein Opfer seiner Jagdleidenschaft, die ihn in ein fremdes Gebiet geführt hatte? Raubte man ihm die Schafherde, die er hütete? Oder wurde er gar beseitigt, weil seine Zeit abgelaufen, seine Widersacher im Dorf einen »Tyrannenmord« am alten Häuptling heimtückisch vorbereitet hatten?

Sehr viele Indizien sprechen gegen diese Erklärungen. Wäre die Handverletzung tatsächlich durch einen Nahkampf mit seinen Gegnern im Dorf verursacht worden, hätte sich Ötzi vorsichtiger verhalten und auf keinen Fall an exponierter, von überallher einsichtiger Stelle den Magen vollgeschlagen. Offensichtlich fühlte er sich nicht verfolgt. Weitere Merkwürdigkeit: Der Tote wurde nicht beraubt. Selbst sein wertvollstes Stück, das Kupferbeil, fand keinen neuen Besitzer. Auch alles andere ließ man ihm. Die Deutung dieses Umstandes als vorgetäuschter »Bergunfall« befriedigt nicht. Natürlich war Ötzis Beil als Statussymbol des Anführers im Dorf bekannt, weswegen es den Mörder überführt hätte. Aber ohne größeren Aufwand ließ sich die Kupferklinge aus der Befestigung am Beil herauslösen. »Kupfer ist rezyklierbar, das heißt, ein Stück Kupfer kann im Schadenfall (oder im Kriminalfall, Anm. d. Verf.) immer wieder in ein neues Werkzeug umgeformt werden.« Es ist ferner sehr wahrscheinlich, dass Ötzi als Clanchef sowohl Anhänger im Dorf als auch eine Familie besaß. Der Vermisste wäre gesucht worden, umso mehr als sein Weg, gerade wenn er seine Herde bewachen wollte, bekannt war. Die Grube am Tisenjoch lag offen, und die Mörder durften nicht damit rechnen, dass rechtzeitiger Schneefall einsetzte, bevor die Suchmannschaft das Gelände inspizierte. Endlich wurde Ötzi nicht einfach in die Felsmulde hineingeworfen, sondern seine Ausrüstungsgegenstände und Waffen wurden um ihn herum sorgsam »deponiert«, so dass man von einem Begräbnis sprechen könnte. Schließlich sprechen auch praktische Gründe gegen einen Kampf. Wie hätte denn Ötzi mit seiner verletzten Hand jagen oder Schafe hüten sollen, wie seinen Bogen fertigstellen, wie die Pfeile schäften und befiedern? Selbst der Griff in seine Kraxe, um den Proviant herauszunehmen, wäre ihm schwergefallen, geschweige denn das Entzünden eines Feuers.

Schon im Jahre 2002 vermutete deshalb der nordamerikanische Inkaforscher Johan Reinhard eine rituelle Opferung. Wie in Südamerika galten auch in Europa, spätestens in der Bronzezeit, Berge als heilig, weil sie den Göttern nahe waren. Der Passübergang des Tisenjochs würde sich als Ort für ein solches Ritual anbieten. Nun sind aus der Inkazeit viele heilige Berge bekannt, auf denen die Mumien geopferter Menschen gefunden wurden. Aus den Alpen gibt es bislang keinen einzigen Hinweis, aber das schließt ein solches Ritual nicht aus, da im übrigen Europa die Opferung von Menschen durchaus üblich war.

Den religiösen Hintergrund bildet die Fähigkeit eines Königs, Clanchefs oder Anführers, die Götter gnädig zu stimmen. Mit der Abwesenheit von Naturkatastrophen, guten Ernten und gesundem Vieh beweist er diese spezifische Verbindung und die daraus abgeleiteten Privilegien seiner Stellung. Umgekehrt deuten schlechte Ernten darauf hin, dass der Kontakt zu den Göttern nicht mehr funktioniert. Um ihn wiederherzustellen, wird der König oder ersatzweise ein anderes Mitglied der Oberschicht geopfert, wie Funde von Moorleichen in Irland belegen. Dabei regiert das Ritual der dreifachen Verletzung. Der irische »Old-Croghan-Mann« wurde erstochen, geköpft und zweigeteilt. Der 1952 entdeckte dänische Grauballe-Mann, eine eisenzeitliche Moorleiche aus dem dritten Jahrhundert v. Chr., wurde mit Mutterkorn vergiftet, danach wurde ihm die Kehle durchgeschnitten und der Schädel eingeschlagen. Der ebenfalls einen hohen Rang einnehmende »Lindow-Mann«, 1984 in Cheshire (England) ausgegraben, dessen Haare sorgfältig geschnitten und dessen Fingernägel manikürt waren, wurde mit einer Tiersehne erdrosselt, bevor ihm die Kehle durchgeschnitten wurde und er einen Schädelbruch erlitt. Obwohl diese Beispiele alle aus der Eisenzeit stammen, haben diese Tötungsmethoden eine lange Geschichte und gehen bis in die neolithische Zeit zurück, wie Moorleichen aus Dänemark beweisen, die aus der gleichen Zeit wie Ötzi datieren. Die Archäologin Miranda Greene vermutet, dass man diesen extremen Einsatz von Gewalt als »notwendigen Teil des Rituals der Opfertötung« begreifen müsse. Tatsächlich kann man ihn zu Ötzi in Beziehung setzen. Das Ritual der dreifachen Verletzung hätte mit dem Schnitt in die Hand begonnen, der das Opfer gleichsam in seine Rolle einwies und bestimmte. Es folgte der finale Pfeilschuss und am Ende der gleichfalls tödliche Schlag auf den Kopf.

Dass Pfeile nicht zum rituellen Töten eingesetzt wurden, schon gar nicht aus weiter Entfernung, ist auch nur eine Annahme, die in einer Gesellschaft von erfahrenen Jägern nicht gelten muss. Der tödliche Schuss traf nicht irgendeine Stelle, sondern genau den Punkt, »auf den prähistorische Jäger zielen, um Wild mit einem Blattschuss zu erlegen«. So wird der rasche Blutverlust zum Teil der Opferhandlung: »Menschen wurden bei diesen Ritualen nicht als Gaben an die Götter geopfert, sondern um das Lebensblut freizusetzen, das eine einzigartige und mysteriöse Opferungswirksamkeit aufwies.« Gleichfalls erklärt sich, warum Ötzi eine halbe Stunde vor seinem Tod noch Speisen zu sich nahm. Es war die »Henkersmahlzeit«, die auch den Moorleichen in ihrer letzten Stunde den Magen füllte.

Klar wird nun, warum niemand das Kupferbeil raubte und niemand sich an Ötzis Habe vergriff: Sie war den Göttern bestimmt und wurde zusammen mit der Leiche an einem markanten Platz im Gebirge, an einem »Ort des Übergangs von einer Welt in die andere«, deponiert und arrangiert.

Die bald einsetzenden niedrigen Temperaturen trockneten den Körper aus und ließen ihn gefrieren. Eine Schneedecke schützte ihn vor Aasfressern, dann die zwanzig Meter hohe Eisschicht des Gletschers bei einer Durchschnittstemperatur von zehn Grad minus. Da die Mulde quer zur Fließrichtung des Eises lag, wurde Ötzi nicht zermalmt, und wahrscheinlich, so die Meinung des Archäobotanikers Klaus Oeggl, ist er nur dreimal aufgetaut: in der zweiten Hälfte des dritten Jahrtausends, zur Römerzeit und im September 1991. Aber nur beim dritten Mal wurde er zufällig entdeckt, und die Wissenschaft kam in den Besitz einer kompletten kupferzeitlichen Gebirgsausrüstung.

Auf einem Menhir bei Latsch im Vinschgau ist ein Bogenschütze abgebildet, der einen Mann von hinten erschießt. Belegt er das Ritual, dem der Südtiroler Eismann zum Opfer fiel? Wenn ja, werden wir beim Abtauen der Gletscher noch viele Leichen mit einer Pfeilspitze im Rücken finden. Denn die Steintafel ist rund 500 Jahre jünger als Ötzi.

II

Kupfer, Salz und Eisen – Die Alpen in der Bronze- und Eisenzeit

»Glück auf, Glück auf, der Steiger kommt ...«

Deutsches Bergmannslied aus dem 16. Jahrhundert

Wo sich heute die Alpen erheben, brandeten vor 250 bis 100 Millionen Jahren die Wogen eines gewaltigen Ozeans. Dieses Meer trug den Namen der Thetys, in der griechischen Mythologie die Schwester des Titanen Okeanos, dem sie 3000 Söhne, die Flüsse, und 3000 Töchter, die Meere und Seen, gebar. Dieser Ozean, der sich zwischen Eurasien, Afrika und Indien, das damals noch nicht mit Asien zusammenhing, erstreckte, wimmelte von Leben. Wann immer eines seiner Tiere starb, Korallen, Muscheln, Schalentiere oder Fische, sank sein kalkhaltiges Skelett auf den Grund und verband sich mit der Masse der anderen, die vor ihm dahingegangen waren. In den Randzonen bildeten sich flache Schelfmeere und Lagunen, in denen die Sonne das Wasser verdampfte, bis nur noch das im Meer gebundene Salz übrig blieb. So hätte es noch Millionen Jahre weitergehen können.

Aber die Theorie der Plattentektonik, 1915 erstmals von Alfred Wegener (1880–1930) formuliert, wonach die Kontinente sich auf dem Erdmantel bewegen, machte dem Thetys-Ozean den Garaus. Die afrikanische und die indische Platte bewegten sich auf Eurasien zu, verkleinerten damit die Fläche dieses Urmeers, das nur noch in Resten, in Mittelmeer, Schwarzem Meer und Kaspischem Meer, erhalten ist. Der ungeheure Druck, mit dem die Platten zusammenstießen, faltete die Gesteine und schob sie zusammen, was ungefähr in der Zeit vor hundert bis zwanzig Millionen Jahren ablief, danach folgte eine Hebungsphase, die noch nicht abgeschlossen ist und zur Bildung der Alpen und des Himalaya führte. So erklärt es sich, dass die Sedimentschichten des Ozeans plötzlich in den Hochlagen der Alpen erscheinen, am spektakulärsten in den »bleichen Bergen«, den Dolomiten, zu sehen, die zu einem Gutteil aus den Korallenriffen des Thetys-Meers bestehen. Nicht umsonst gestorben sind auch die Meerestiere. Sie bilden die nördlichen und südlichen Kalkalpen und liefern damit das beste Beispiel für den Satz Christoph Ransmayrs: »Keinem bleibt seine Gestalt.« Dass in späterer Zeit die Bergwerke von Hallstatt und Hallein zu den großen Salzproduzenten in den Alpen gehören, bei denen das Steinsalz nur dreißig Meter unter der Oberfläche zu finden ist, verdankt sich ebenfalls seiner Entstehung im Urozean der Thetys und der Kollision mit der afrikanischen Platte, die diese am Grund des Meeres liegenden Sedimente nach oben befördert hat.

Der namenlose Schmied, der als Erster auf die Idee kam, dem weichen Kupfer ein anderes Metall, nämlich Zinn, beizugeben, um es auf diese Weise härter zu machen, gab einer ganzen Epoche den Namen: Bronzezeit (2200–800 v. Chr.). Als ideales Mischungsverhältnis für die Bronze stellten sich neun Teile Kupfer und ein Teil Zinn heraus. Dass dadurch auch ein niedrigerer Schmelzpunkt erreicht wurde, sparte Holz. Das neue Material revolutionierte alle gesellschaftlichen Bereiche. In der Landwirtschaft verschwand der Holzpflug, und an seine Stelle trat der metallene Pflug mit Pflugscharen, der den Boden aufreißen konnte und damit neues Ackerland erschloss. Da er schwer war, zogen ihn Ochsen. Das trockene, warme Klima des Subboreals (3400–800 v. Chr.) begünstigte den Anbau von Emmer, Gerste und Rispenhirse (Kohlehydrate). Proteine lieferten Ackerbohne, Erbse und Linse, die Öle von Lein und Schlafmohn sorgten für Fett. Mit der Pferdehaltung verband sich der Einsatz von Wagen für Transportzwecke oder militärisch als Streitwagen. Werkzeuge aus Metall, Hämmer, Äxte,

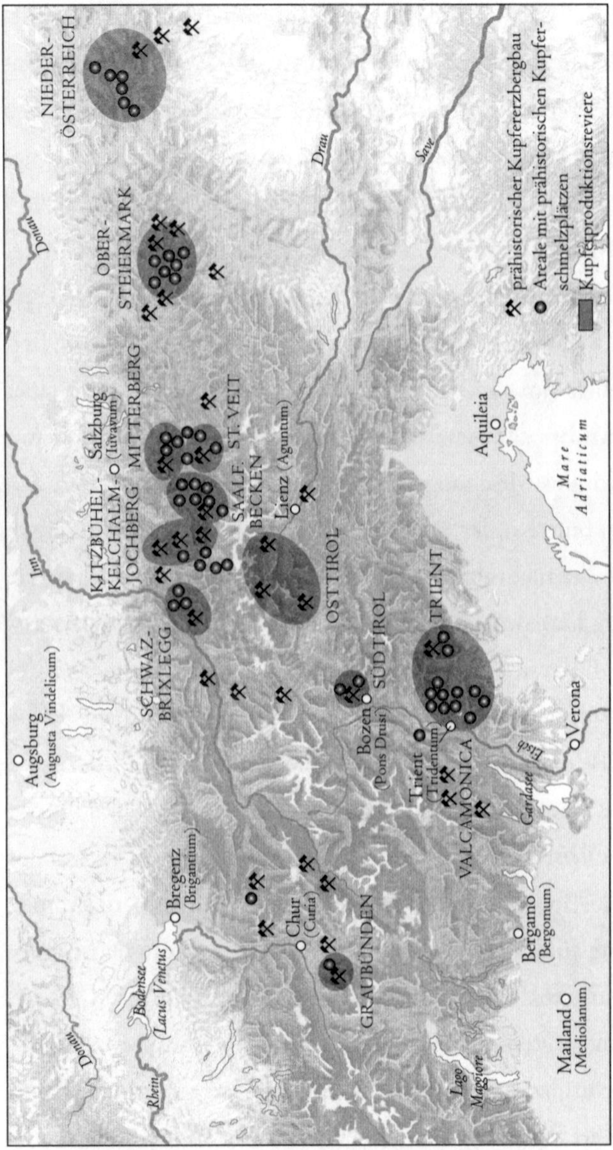

Kupferabbau in den Ost- und Südalpen

Messer, Sägen, Feilen und Nadeln, ersetzten die bis dahin gebräuchlichen aus Stein. Ab 2000 v. Chr. gehörte zur Elite, wer ein Bronzeschwert sein Eigen nannte. Eine Auffassung, die sich von Siebenbürgen bis Skandinavien durchsetzte. Ein weiterer Vorteil des Metalls war seine Wiederverwendbarkeit. Zerbrach ein steinernes Werkzeug, war es unbrauchbar. Bronze aber konnte wieder eingeschmolzen werden und stand dann für einen neuen Guss zur Verfügung.

Die Nachfrage nach dem neuen Metall löste einen Boom im Kupferbergbau der Alpen aus und wertete das Gebirge zu einem der wichtigsten Wirtschaftsräume Europas auf, da es auch noch über andere Rohstoffe wie Salz, Gold, Silber und Blei verfügte. Die ersten spezialisierten Berufe entstanden: Prospektoren suchten, Bergleute förderten Erz. Für die Weiterverarbeitung sorgten Gießer und Schmiede. Da Kupfer und Zinn geologisch nicht gleichzeitig auftreten, entstand ein weitgespannter Fernhandel, der die spanischen, südenglischen und die Zinnvorkommen in den deutschen Mittelgebirgen, in der Bretagne und Kroatien mit den Kupferlagerstätten in den Alpen verband. Einmal etabliert, diente dieses Kommunikationssystem, das mit Saumtieren die meisten Alpenpässe für den Transport nutzte, sowohl für Güter wie Salz, Bernstein oder Importe südlicher Luxuswaren, Gläser, Tafelgeschirr aus Etrurien und Griechenland, Öl und Wein, exotische Muscheln und Schnecken, Prunkwaffen, Goldschmuck aus Griechenland, als auch als Transmissionsriemen für technisches Wissen, kulturelle und religiöse Vorstellungen. Zu Beginn der Bronzezeit siedelte man auf den Höhen und schützte sich mit Palisaden. Dass dies in der mittleren Bronzezeit (1550–1300 v. Chr.) nicht mehr nötig war, spricht für gesicherte Verhältnisse. Parallel nahm die Bevölkerung von der Früh- bis zur Mittelbronzezeit zu. Höhenlagen bis tausend Meter wurden urbar gemacht, oftmals durch Kahlschläge und Brandrodung mit großflächiger Zerstörung des Waldes.

Als bedeutendstes Kupferrevier der Bronzezeit, neben dem Unterinntal und Kitzbühel, gilt der Mitterberg bei Bischofshofen südlich von Salzburg. Aus dem durchgängig von 2200–700 v. Chr. betriebenen Bergwerk, das mit 210 Metern den tiefsten Stollen der Bronzezeit aufweist, wurden ca. 20000 Tonnen Rohkupfer gefördert und damit große Teile Mitteleuropas mit Kupfer in Form von Barren oder Gusskuchen versorgt. Der Mitterberg war nur einer der jetzt entstehenden industriellen Großbetriebe, die das ganze Jahr produzierten, weshalb die Bergleute von außerhalb versorgt werden mussten.

Der damit verbundene Reichtum zeigt sich in den Hügelgräbern der mittleren Bronzezeit, in denen eine am Diesseits orientierte Elite sich all das mitgeben ließ, worauf sie auch im Jenseits nicht verzichten wollte: bronzene Trink- und

Essgefäße, gefüllt mit Wein und Met, etruskische Schnabelkannen, Schwert, Dolch, Lanze, Pfeil und Bogen, Beil, Beinschienen, Helme und Metallschilde, sogar Streitwagen finden sich und eine der Ehefrauen. Als Vorbild dienten die Mittelmeerkulturen, insbesondere Griechenland mit seiner hierarchischen Herrschaftsstruktur. All das ändert sich in der Spätbronzezeit (1300–800 v. Chr.). Überall in Europa werden jetzt die Toten verbrannt und ihre Überreste in Urnen beigesetzt. Das Ausmaß dieser Friedhöfe hat zum Begriff der Urnenfelderkultur geführt. Zweifellos hat das Jenseits nun eine andere Gestalt angenommen. Nicht mehr auf den Erhalt des Leibes, sondern auf seine Auflösung im reinigenden Feuer kam es nun an. Die Sitte der Deponierung von Bronzeobjekten im Boden, im Wasser, im Moor und an den Handelswegen als Opfer für die Götter erreichte einen Höhepunkt und ersetzte offenbar den vorher herrschenden Grabkult. Der Innsbrucker Archäologe Gerhard Tomedi hat diese entscheidende Veränderung einer ganzen Kultur wie folgt charakterisiert: »Insignien des Prestiges in den Händen der Gemeinschaft, während der Tote im Grab wieder ein schlichtes Mitglied der Gemeinschaft wird.«

Neben dem Kupfer war es das Salz, was die Alpen attraktiv machte. Wie der in der ersten Hälfte des sechsten Jahrhunderts lebende römische Philosoph und Historiker Cassiodor bemerkte, konnte man auf Gold verzichten, nicht

Schematische Darstellung des bronzezeitlichen Schachtbaus in Hallstatt

aber auf Salz. Denn der Gebrauch als Würzmittel war nur eine der vielen Anwendungen des Salzes. Salzbarren konnten als Zahlungsmittel fungieren. In der Viehzucht steigerte sich die Milchleistung und wurden die Rinder fetter, gab man ihnen Salz zu lecken. Die Heilkunst vertraute auf Salzlösungen gegen Juckreiz und Erkältungskrankheiten. Fleisch und Fisch ließen sich konservieren, wenn man sie pökelte, Obst und Gemüse legte man in Salzlake ein. Salz machte Käse und Butter haltbar und war für die Leder- und Fellgerbung ein unverzichtbares Hilfsmittel. Seit der Jungsteinzeit (5000 v. Chr.) wurde in Hallstatt Salz gefördert, das dort in Sole-Quellen austrat. Ab dem 16. Jahrhundert v. Chr. lässt sich der Abbau unter Tage nachweisen. Wann er tatsächlich begann, ist unbekannt. Er vollzog sich in drei riesigen Schachtanlagen mit Tiefen von über hundert Metern. Die Grundfläche der Schächte betrug 23 × 7 Meter. Ihre Größe erklärt sich durch die Notwendigkeit, vier Tätigkeiten gleichzeitig zu organisieren: das Salz zu fördern, Grubenholz anzuliefern, die Mannsfahrt und die Bewetterung der Stollen. Das Steinsalz wurde mit Bronzepickeln zerkleinert (Hauklein), in dreißig Kilo fassende Tragsäcke gepackt, die dann an den Sammelstellen in grobe Wollsäcke umgefüllt wurden. Lindenbastseile zogen diese nach oben. Im archäologischen Experiment stellte sich deren Tragfähigkeit als für das Salz überdimensioniert heraus. Sie beträgt eine Tonne, was darauf hindeutet, dass auch Baumstämme damit transportiert wurden. Stämme von mehreren Metern Länge mit dreißig Zentimeter Durchmesser wurden verwendet. Sie waren schwer, da aus frischem Holz, denn Bronzebeile waren nicht in der Lage, trockenes Holz zu schlagen. Licht spendeten den Bergleuten Leuchtspäne aus Holz, die wahrscheinlich von Kindern gehalten wurden. Die starke Rauchentwicklung gehörte dazu. Um zum Salz zu gelangen, bohrte man vertikale Schächte. Stieß man auf ein Vorkommen, beutete man es aus, so dass große Abbauhallen entstanden, zu denen bis zu vier Kilometer lange Gänge führten.

Da die nächsten Salzvorkommen Hunderte von Kilometern entfernt waren, bot sich ein riesiger Absatzmarkt. Mit dem minderwertigen Salz produzierte man vor Ort vermittels acht großer Wannen, die mit Salzlake gefüllt waren, Pökelfleisch, Schinken und Speck. Pro Durchgang konnten 150–200 Schweine verarbeitet werden. Nach zehn Tagen war das Fleisch haltbar. Die rauchgeschwängerte, salzhaltige, stark bewegte Luft im Bergwerk, mit einer Temperatur von sieben Grad und einer Luftfeuchtigkeit von sechzig Prozent, bot ideale Bedingungen zur Herstellung eines schmackhaften Schinkenspecks, der wie das Salz über die Alpenpässe exportiert wurde. Über 500 Jahre lang war Hallstatt einer der ganz großen Salzproduzenten, bis im Jahre 1245 v. Chr. eine Katastrophe dem Bergbau für vierhundert Jahre ein

Ende setzte. Heftige Regenfälle lösten einen Bergrutsch aus, der die Schächte und Hallen verfüllte. Mehrere der damals und bei weiteren Unfällen umgekommenen Bergleute fand man im 18. Jahrhundert nahezu unverwest wieder. Das Salz hatte sie samt ihrer Kleidung und Ausrüstung konserviert. Aber anders als heute sah man in ihnen keine archäologische Sensation, sondern Menschen, die ein christliches Begräbnis verdienten. So gingen sie zwar der Wissenschaft verloren, gewannen aber den Segen der katholischen Kirche.

Um die Mitte des zweiten Jahrtausends v. Chr. kam in Anatolien bei den Hethitern ein bis dahin unbekanntes Metall in Gebrauch: das Eisen. Gegen Ende des Jahrtausends erreichte die neue Technik die Ägäis. Im 9./8. Jahrhundert v. Chr. gelangte die Kenntnis der Eisengewinnung bis an die obere Donau und gleichzeitig über Etrurien in die Alpen. Die Eisenzeit begann unangenehmerweise mit einem Temperatursturz. Im sogenannten feucht-kalten Subatlantikum ging die Durchschnittstemperatur um ein bis zwei Grad zurück. Es regnete mehr, und in den höheren Lagen gab es mehr Schnee, die Gletscher begannen sich auszudehnen, und die Baumgrenze sank. Die anspruchslosen »sekundären Kulturpflanzen« Hafer und Roggen, früher nur als Unkraut betrachtet, setzten sich gegen die primären Getreidearten, die in der Bronzezeit mit ihren warmen Temperaturen dominiert hatten, durch. Sie boten mehr Ertrag und ließen sich leichter lagern.

Von der Änderung des Klimas profitierte das Salz. Die Produktion von Salz erreichte in der Eisenzeit ihren Höhepunkt. Denn Fleisch und Fisch an der Luft zu trocknen war nicht mehr möglich. Die Bauern kompensierten die schlechteren Ernteaussichten durch den Einsatz des neuen Metalls. Eiserne Pflüge mit Pflugscharen konnten die Ackerschollen wenden und ermöglichten so eine intensivere Bodenbearbeitung. Die eisernen Ackergeräte, die Sicheln und Sensen, waren schärfer als die bronzenen. Das erstmals genutzte Stroh führte zur Stallhaltung der Tiere und diese zu Dünger. Die Scheren zur Schafschur schnitten besser, die Messer zur Bearbeitung der Felle säuberten intensiver. Kam es zum Streit, war die eiserne Waffe der bronzenen überlegen. Zwar wurden zum Schmelzen des Erzes Unmengen Holzkohle benötigt, aber das Eisen war härter und gleichzeitig elastischer als Bronze, und es ließ sich mit geringerem Arbeitsaufwand gewinnen und verarbeiten. Im Gegensatz zum Kupfererz benötigt Eisen keine chemische Aufbereitung durch Rösten. Es genügt das mechanische Sortieren, Waschen und Zerkleinern. Von Vorteil war es, dass Eisen als Rohstoff fast überall in den Alpen zu finden war. Gerade die östlichen Zentralalpen boten reiche Eisenerzvorkommen. Durch die Faltung des Gebirges reichten in der Steiermark, in Kärnten und Slowenien die Erzadern bis dicht unter die Oberfläche.

Da Eisen überall gewonnen werden konnte, war das Fernhandelssystem der bronzezeitlichen Eliten zum Erwerb von Zinn nicht mehr nötig. An seine Stelle trat ab dem 7. Jahrhundert v. Chr. ein Handel, den die neuen Reichen, die Familienoberhäupter, deren Wohlstand auf den Rohstoffen basierte, mit allem versorgte, was ihr Prestige erhöhte. In die Alpen lieferten die Anrainer, Etrusker, Griechen aus Massilia (Marseille) und die Veneter, nicht nur Bronzegeschirr, bemalte griechische Tongefäße, Olivenöl, Elfenbein, rote Korallen, Wein in Amphoren und Feigen, sondern auch Know-how: Töpferscheibe, Schrift und Münzprägung. Aus den Alpen kamen Harz, Pech, Kienholz, Wachs, Käse, Honig, Vieh, Leder, Pökelfleisch, Gold, Silber und Eisen. Längst war die Sitte der Urnenfelder aufgegeben worden und an ihre Stelle das Totenhaus mit reichem Totenkult getreten. Wieder wurde der Grabhügel aufgeschüttet, die Leiche im Innern niedergelegt und mit den Statussymbolen ihres Standes versehen: Dolch, Streitwagen und mediterrane Importe wie Fibeln, Schuhe mit hochgebogenen Spitzen und etruskisches Bronzegeschirr.

Dass die frühe Eisenzeit (800–400 v. Chr.) als Hallstattzeit bezeichnet wird, hat seinen Grund. Hier gruben die Archäologen 1500 Gräber mit Beigaben aus, die den reichsten Fund der Eisenzeit darstellen und dennoch nur ein Viertel der vermuteten 5000–6000 Bestattungen ausmachen. Die Gräber, die im gleichen Verhältnis eine Körper- oder Brandbestattung enthielten, waren die einer Elite und dementsprechend ausgestattet mit kostbaren Waffen, Glasschalen, Schmuck, Gold, Bernstein, Elfenbein, Helmen und Prunkgefäßen. Das relativ abgelegene Hallstatt war in dieser Zeit aufgrund seiner Salzproduktion ein bedeutendes Wirtschaftszentrum, das einen sagenhaften Reichtum für diejenigen generierte, die den Salzabbau organisierten und den Salzhandel kontrollierten.

Selbst die Konkurrenz, die im nahen Hallein im 6. Jahrhundert v. Chr. mit mehreren Salzbergwerken auf dem Dürrnberg entstand, minderte nicht die Bedeutung der beiden Orte als überregionale Handelsplätze. In den Gräbern finden sich Bernstein von der Ostsee, Gold aus Böhmen, Korallen, Elfenbein, feine Stoffe und bronzenes Tafelgeschirr aus dem Süden. Wie in Hallstatt benutzte man das Salz zur Pökelfleischherstellung, verarbeitete aber keine Schweine, sondern Rinder. In Hallein wurden zwei keltische Fürstengräber aus dem 5. Jahrhundert v. Chr. entdeckt, die neben Waffen auch die Reste zweier Streitwagen enthielten. Über dreihundert weitere Gräber zeugen vom Wohlstand, den Hallein nach dem Niedergang von Hallstatt genoss. Doch auch Hallein erlebte wie Hallstatt seine Katastrophen. Um die Mitte des 4. Jahrhunderts v. Chr. kommt es zur Einstellung des Bergbaubetriebs, da ein gewaltiger Schuttstrom weite Teile des Salzachtals einschließlich der Bergwerksanlagen verschüttete. Die Salzproduktion wurde erst hundert Jahre später mit dem größten der prähistorischen Bergwerke, das eine Tiefe von 330 Metern erreichte, wiederaufgenommen. Es entstand auf der Dammwiese, einem Hochmoor auf 1357 Meter Höhe, klimatisch ungünstig, aber gegen Muren und Schuttströme geschützt.

Mit einer neuen Technik organisierte man den Salzabbau. Die Schächte trieb man nicht mehr vertikal, sondern horizontal, den Salzadern folgend, in den Berg. Beim Abbau entstanden so Hallen von 170 Meter Länge, 27 Meter Breite und 20 Meter Höhe. Das Salz wurde in zehn bis hundert Kilo schweren Platten abgebaut, die über schräge Stollen ins Freie gebracht wurden. Hallstatt, als die ältere Grube, bediente sich noch der Bronze, während man in Hallein mit Eisenpickeln zuschlug. Die Untersuchungen auf Abnützungserscheinungen an den Skeletten ergaben interessante Aufschlüsse. Offenbar arbeiteten ganze Familien in den Gruben. Während die Frauen für den Abtransport der Salzplatten zuständig waren, indem sie die schweren Lasten trugen, hoben und zogen, arbeiteten die Männer als Hauer vorwiegend mit dem Pickel. Auch die Kinder ab dem fünften bzw. sechsten Lebensjahr halfen mit, wie die Schäden an den Halswirbelsäulen der Kinderskelette aus dem Gräberfeld von Hallstatt beweisen. Da durch das Salz alle organischen Bestandteile der Kleidung, des Essens und der Exkremente konserviert wurden, können wir die Nahrung der eisenzeitlichen Bergleute genauso rekonstruieren wie ihre Krankheiten. Neben Obst, Nüssen und Käse wurde in der Grube ein Eintopf zubereitet, der noch heute als »Ritschert« bekannt ist. Er bestand aus Gerste, Hirse (Kohlehydrate) und Saubohne (Eiweiß). Mitgekocht wurden die Füße von Schaf und Schwein und ihre Schwänze (Fett und Gelatine für die Gelenke). Das Kochen hatte den Vorteil, dass es die Luft erwärmte und den Wetterzug verbesserte. In den Exkrementen wiederum finden sich Eingeweidewürmer (Peitschen- und Spulwurm), die in der Regel für Durchfall sorgen, in den Kleidern Reste der Hüllen von Läuseeiern, was Infektionen begünstigte.

Warum die Kelten im 4. Jahrhundert v. Chr. urplötzlich in alle südlichen Länder, nach Spanien, Frankreich, Italien, Griechenland und sogar nach Kleinasien ausschwärmten, ist der Wissenschaft bislang ein Rätsel geblieben. Nach Hallstatt und Hallein kommen sie im 3. Jahrhundert v. Chr. und verschmelzen mit der dortigen Bevölkerung, oder sie waren schon früher da, und die späte Hallstattzeit ist durch die Kelten geprägt. Sicher ist, dass die Römer, als sie das Königreich Noricum an ihr Imperium anschlossen (15 v. Chr.) und damit auch Hallstatt und Hallein, von der einheimischen Bevölkerung als Kelten sprachen.

Unter der Herrschaft Roms erlebte der Bergbau in den Alpen keine neue Blüte, sondern ging zurück. Der Grund lag in der imperialen Ausdehnung des Reiches. Statt in den schwierig zu erschließenden Alpen griffen die Römer lieber auf leichter nutzbare Bergbaureviere zurück: Spanien, Rumänien und Britannien. Insbesondere der Kupferbergbau kam in der Römerzeit völlig zum Erliegen. Auch am Steinsalz der Alpen waren die Römer nicht interessiert. Längst lieferten die italischen Salzgärten Meersalz in jeder beliebigen Menge. Was übrig blieb, war das Gold der Salasser und Taurisker und das norische Eisen. Da es mit Mangan angereichert war, verbesserte es die Durchhärtung und erzeugte einen Stahl von besonderer Qualität, das ferrum noricum.

III

Hannibal der Alpenbezwinger

»Kein Glas Sekt war köstlicher als jenes, das man uns an die Maschinen reichte in der Nacht, da wir Sagunt zu Asche brannten.«

Ernst Jünger, Auf den Marmorklippen

Neun Jahre zählt Hannibal, als ihn sein Vater Hamilkar Barkas fragt, ob er ihn begleiten wolle. Barkas, der Blitz, nennen ihn die Karthager, weil er die richtigen Entscheidungen in der Schlacht trifft und weil er der beste Feldherr war im Krieg gegen die Römer. Über zwanzig Jahre, von 264 bis 241 v. Chr., hat dieser Erste Punische Krieg gewütet, und er ist schlecht für Karthago ausgegangen, das bis dahin das westliche Mittelmeer uneingeschränkt beherrschte. Die Beute Roms sind das reiche Sizilien mit seinen Griechenstädten, Sardinien und Korsika, dazu noch eine Entschädigung von 4400 Talenten sowie die gesamte karthagische Kriegsflotte. Damit kontrolliert Rom das Meer.

Hamilkar Barkas denkt nicht daran, sich mit dieser Demütigung zu arrangieren. Sechs Jahre lang hat er gegen die Römer auf Sizilien gekämpft und die Festung auf dem Berg Eryx so erfolgreich verteidigt, dass sie ihm einen ehrenvollen Abzug in Waffen zubilligten. Wenn die Inseln verloren sind, muss Karthago sich neue Territorien erschließen. In Iberien, das heute Spanien und Portugal heißt, hatten die Karthager bereits einen Stützpunkt: Gadir, das heutige Cádiz. Auf seinen Reisen soll der Löwentöter Herakles die Stadt gegründet haben, und im Haupttempel wurde er in Gestalt des phönizischen Gottes Melkart verehrt, dessen Attribute ebenfalls Keule und Löwenfell waren.

Wir schreiben das Jahr 237 vor Christus. Natürlich stimmt Hannibal begeistert zu, wie es von ihm nicht anders erwartet wird, und begleitet in den folgenden acht Jahren seinen Vater in die Feldlager des karthagischen Heeres. Dadurch wird er unmittelbar Zeuge, wie Hamilkar Barkas in Südspanien ein neues Reich für Karthago schafft. 229 v. Chr. kontrollieren die Karthager, die von den Römern aufgrund ihrer Abstammung aus dem phönizischen Tyros auch Punier genannt werden, am mittleren und unteren Guadalquivir das landwirtschaftlich fruchtbarste Gebiet der iberischen Halbinsel. Dazu erobern sie eine der wichtigsten Bergbauregionen der Antike mit reichen Kupfer-, Eisenerz- und vor allem Silbervorkommen. Der Preis dafür ist der Tod Hamilkars, der in einem Scharmützel mit aufständischen Stämmen fällt.

Der beim Tod seines Vaters siebzehn Jahre alte Hannibal hatte nicht nur das karthagische Heer im Kampf erlebt, sondern auch die denkbar beste Ausbildung genossen. Im dritten Jahrhundert vor Christus konnte das nur eine griechische sein. Sein Vater hatte dafür gesorgt, dass mit Sosylos von Sparta ein qualifizierter Erzieher und Griechischlehrer sich des Knaben annahm. Dementsprechend war die Lektüre aufgebaut. Homers »Ilias« und die Schriften des »Vaters der Geschichtsschreibung« Herodot waren genauso Pflichtlektüre wie Xenophons »Anabasis« und Thukydides' »Geschichte des Peloponnesischen Krieges«. An den Sagen vom Gott und Heros Herakles führte kein Weg vorbei, umso mehr als eines seiner Abenteuer im Golf von Cádiz seinen Ausgang nahm. Hier lag die Insel Erytheia, auf welcher der Riese Geryoneus eine Herde purpurroter Rinder hütete. Aufgabe des Herakles war es, sie zu rauben. Aber Geryoneus war kein Hirte, sondern ein Krieger mit drei Köpfen und drei Leibern, sechs Armen und Flügeln, mit denen er seine Herde überflog und bewachte und sich auf alles stürzte, was ihr gefährlich werden konnte. Von Nordafrika kommend, unterbrach Herakles am Ausgang des Mittelmeers in den Ozean seine Fahrt, um die nach ihm benannten Felsen (Gibraltar) zu errichten. Dann nahm er den Kampf mit Geryoneus auf, der in seinen drei Händen jeweils eine Lanze führte und in den drei anderen je einen Schild, um sich zu decken. Herakles siegte und trieb die Rinder die Mittelmeerküste Spaniens und Galliens entlang. Um nach Italien zu kommen, berichtet die Überlieferung von zwei Herakles-Wegen. Der eine führte hart am Gestade des Meeres nach Ligurien, der andere durch die nach ihm benannten Grajischen Alpen über den Kleinen St. Bernhard. So wird Herakles im Mythos zum Ersten, der die Alpen überschreitet. Die Geschichte hatte zudem eine aktuelle politische Komponente. Am aventinischen Hügel, da, wo sich später die Stadt Rom ausbreiten sollte, wurde Herakles um einen Teil seiner Herde gebracht. Der Dieb hieß Cacus, war ein Sohn des Schmiedegottes Vulcanus und konnte deshalb Feuer speien. Es nützte ihm so wenig wie der Felsblock, hinter dem er sich in seiner Höhle verschanzte. Herakles nahm ihn in seinen berühmten Ringergriff und quetschte ihn zu Tode. Es gab auch eine militärische Variante, wonach der Vater des Geryoneus König von ganz Iberien war. Er hatte noch drei weitere Söhne, von denen jeder ein ganzes Heer befehligte. Herakles schlug sie alle, unterwarf sich Spanien und das benachbarte Keltenland, bahnte sich einen Weg über die Alpen, der fortan dem Handel offenstand, und zivilisierte die bis dahin barbarischen Bergbewohner.

Sosylos wird Hannibal noch von einem anderen Spar-

Beliebtes Motiv auf römischen Grabbeigaben im 3. Jh. v. Chr.: Kriegselefanten

taner erzählt haben. Der Söldnerführer Xanthippos hatte im Krieg gegen Rom das karthagische Heer reformiert. Gestützt auf griechische Berufskrieger und einhundert Kriegselefanten, die er in der Front gegenüber den Römern aufstellte, verhinderte er den Angriff der Legionen, die nicht wagten, diese Ungetüme anzugreifen. So gewann er Zeit für ein Umgehungsmanöver der numidischen Reiterei, die der römischen Phalanx in den Rücken fiel. Die Schlacht, 255 v. Chr. in der Nähe von Tunis geschlagen, endete mit einer totalen Niederlage der Römer, bei der sogar ihr Konsul und Feldherr Regulus in Gefangenschaft geriet.

Respekt vor Elefanten hatte sogar der große Alexander, das unbestrittene Vorbild der antiken Welt, dessen Taten ihn unsterblich machten und dessen Ruhm die Sterne überstrahlte. In den Alexandermemoiren seiner Generäle ließ sich nachlesen, welche Verluste die Schlacht am Hydaspes (Jhelam) gekostet hatte, in der vom indischen König Poros zweihundert Kriegselefanten eingesetzt wurden, die wie »eine Stadtmauer mit Türmen wirkten«. Der Angriff der Reiterei scheiterte, da die Pferde vor dem Geruch der grauen Riesen scheuten. Die berühmte makedonische Phalanx, die bisher überall gesiegt hatte, hielt sich auf Befehl Alexanders zurück, um nicht zertrampelt zu werden. Anfangs konnte sie jedoch dem Vordringen der Elefanten nicht standhalten. Erst als man die auf dem Rücken der Tiere in den Türmen postierten Mahouts und Bogenschützen angriff und die Elefanten selbst mit Pfeilen und Wurfspießen verwundete, machten sie kehrt. Am Ende blieb der »Eindruck einer großen militärischen Brauchbarkeit« der Elefanten. Alexander und seine Nachfolger integrierten sie in ihre Heere.

An die Stelle von Hamilkar Barkas trat Hasdrubal, Hannibals Schwager. Er setzte die Strategie seines Schwiegervaters fort und eroberte das mittlere Spanien. 227 v. Chr. gründete er die Stadt Neu-Karthago (Cartagena) und verfügte damit über den besten Hafen an der gesamten spanischen Mittelmeerküste. Den Römern, die den karthagischen Expansionsdrang mit Misstrauen verfolgten, sicherte er zu, den Ebro nicht überschreiten zu wollen. Das beruhigte, denn Nordspanien war die Interessensphäre der mit Rom verbündeten griechischen Stadt Massilia (Marseille). Hannibal, der nach dem Tod seines Vaters in seine Heimatstadt zurückkehrte, um nach dem Feldlager die politischen Konstellationen Karthagos zu studieren, folgte 224 v. Chr. einem Ruf seines Schwagers, ging wieder nach Spanien und übernahm, gerade einmal 22 Jahre alt, den Befehl über die numidische Reiterei. Es war die Elitetruppe der Karthager. Der römische Historiker Livius hat die positiven Eigenschaften gewürdigt, die ihm die Zuneigung, das Vertrauen und die Achtung seiner Soldaten einbrachten: »Hannibal zeigte, wenn es galt, Gefahren entgegenzugehen, Kühnheit in höchstem Grade, während der Gefahren selbst im höchsten Grade Besonnenheit. Durch keine Mühsal konnte sein Körper erschöpft, sein Mut gebrochen werden …« Als Hasdrubal 221 v. Chr. von seinem eigenen Sklaven ermordet wurde, gab es beim Heer keinen, der daran zweifelte, dass jetzt nur einem der Oberbefehl zustünde: Hannibal. Er war 25 Jahre alt. Alexander der Große war fast im gleichen Alter, als er das persische Weltreich angriff.

Der neue Kommandeur musste zunächst beweisen, dass er zu siegen verstehe. Denn siegen bedeutete, die Götter auf seiner Seite zu wissen. Hannibals Feldzug unterwarf Nordwestspanien, das Duero-Tal und die Stadt Salamantica (Salamanca). Die Beute fiel so gewaltig aus, dass er nicht nur seine Soldaten, sondern auch Karthago zufriedenstellte. Dann widmete er sich dem Problem Sagunt. Die reiche Stadt, eine griechische Gründung, lag innerhalb der karthagischen Einflusssphäre weit südlich des Ebro. Gestützt auf einen Bündnisvertrag mit Rom, glaubte die Führungsschicht sich vor den Karthagern sicher und griff die mit ihnen verbündeten Stämme an. Hannibal eilte zu Hilfe, schloss Sagunt ein und belagerte die sich zäh verteidigende Stadt im Jahre 219 v. Chr. acht Monate lang. Dabei lernte er viel über sich und sein Heer. Dessen Stärke war die rasche Beweglichkeit. Deshalb eignete es sich nicht für langwierige Belagerungen.

Auch Hannibal, der bei einem Ausfall verwundet wurde, hielt nur aus, um an Sagunt ein Exempel zu statuieren und die Bündnistreue Roms zu testen. Denn obwohl die Stadt im Vertrauen auf Rom tapfer aushielt, erschien kein einziges Schiff, geschweige denn ein Heer zu ihrer Unterstützung. Als schließlich Sagunt verbrannt, seine Bewohner getötet oder versklavt waren, lässt Livius Hannibal folgendes Fazit ziehen: »Für Spaniens Völker werden die Trümmer Sagunts eine zwar traurige, aber eindrucksvolle Lehre dafür sein, sich auf Roms Treue und Bündnis nicht zu verlassen.« Immerhin bot die Vernichtung Sagunts Rom den erwünschten Anlass, Karthago den Krieg zu erklären. Der eigentliche Grund war freilich ein anderer. Karthago war durch die Eroberungen in Spanien wieder zu einem ernstzunehmenden Konkurrenten geworden. So ging der Kampf um die Vorherrschaft im westlichen Mittelmeer in die nächste Runde. Der Zweite Punische Krieg begann.

Da die Römer selbst das Gefühl hatten, Sagunt reiche als Kriegsgrund nicht aus, sorgten ihre Historiker für weitere Beweise. So sollte Hannibal bereits als Kind vor seinem Vater den Schwur abgelegt haben, »niemals Freund eines Römers zu werden« oder, in einer stärkeren Formulierung, »unversöhnlicher Feind der Römer« zu sein. Damit war der Kampf Hannibals gegen Rom psychologisch erklärt und ihm die Absicht unterstellt, »den römischen Namen zu

Quellengetreue Rekonstruktion eines Kriegselefanten im Einsatz: Die Stoßzähne sind mit Bronze überzogen

tilgen«, also einen Vernichtungskrieg zu führen. Der kommende Krieg war demnach den Römern aufgezwungen und deshalb gerechtfertigt (bellum iustum). Die zuständigen Priester, die Fetiales, tauchten die Lanze des Krieges in das Blut eines Opfertiers und warfen sie symbolisch ins Feindesland, einen Acker gleich neben dem Tempel der Göttin Bellona. Ein gerechter Krieg war eröffnet und damit die Hilfe der Götter gewiss.

Im Herbst, nach der Eroberung Sagunts, entließ Hannibal sein Heer. Bevor es sich im Frühjahr 218 v. Chr. bei Cartagena wieder sammelte, sollten sich die Männer erholen, ihre Beutestücke zu Hause vorführen und sich bewundern lassen. Hannibal nutzte die Zeit für ausgedehnte diplomatische Aktivitäten, über die wir später berichten werden, und zur Lektüre der Memoiren des Pyrrhos, König von Epirus von 295 bis 272 v. Chr., eines Strategen und Militärschriftstellers, den er »von den Feldherren aller Zeiten als den Ersten an Erfahrung und Meisterschaft bezeichnete«.

Von Pyrrhos zu lernen hieß siegen lernen. Denn dieser König war bisher der Einzige, der den Römern Paroli geboten hatte. Als ihn die Stadt Tarent um Hilfe bat, sah er sofort die Chance, sich im Westen, wie das Alexander im Osten in Asien getan hatte, ein Reich zu erobern. Doch bevor er nach Italien übersetzte, diskutierte er mit seinem wichtigsten Berater, Kineas, die Kriegsziele. »Wenn wir die

Römer geschlagen haben, was tun wir dann?«, fragte Kineas. – »Dann sind wir Herren Italiens!« – »Und was tun wir dann?« – »Dann greifen wir Sizilien an!« – »Aber ist es das Ziel unseres Feldzuges, Sizilien zu erobern?« – »Italien und Sizilien ist nur das Vorspiel. Dann greifen wir Karthago und Africa an!« – »Es ist klar, gestützt auf diese Erfolge werden wir anschließend Makedonien und Griechenland mit Leichtigkeit gewinnen. Aber was tun wir dann?« – »Dann werden wir die tiefe Ruhe genießen, und der Becher und schöne Reden sollen uns erfreuen.« – »Was hindert uns dann jetzt, wenn wir nur wollen, dem Becher zuzusprechen und in Ruhe miteinander zu leben, wenn wir das schon haben und es uns ohne Mühe zur Verfügung steht, was wir durch Blut und große Mühsale und Gefahren erreichen wollen, nachdem wir viel Böses anderen angetan und selbst erlitten haben?« Doch dieses Argument zählt für Pyrrhos nicht. Wie Alexander will er mit seinen Feldzügen unsterblichen Ruhm gewinnen. Die Muße kommt später.

Mit zwanzig Elefanten, dreitausend Reitern, zweitausend Bogenschützen, fünfhundert Schleuderern und zwanzigtausend Mann Fußvolk segelte Pyrrhos über die Adria. Den Krieg begriff er als Wissenschaft. Er hatte ihn zeitlebens studiert. Es kam darauf an, die vorhandenen Kräfte optimal, zur richtigen Zeit und am geeigneten Ort einzusetzen. In der Schlacht von Ipsos (301 v. Chr.) war er auf der Seite der Verlierer gewesen, die den vierhundert Kriegselefanten ihres Gegners Seleukos nicht hatten standhalten können. Jetzt setzte Pyrrhos seine Kriegselefanten gegen römische Legionäre ein, die diese Tiere noch niemals gesehen, geschweige denn gegen sie gekämpft hatten. In den Schlachten von Heraclea (280 v. Chr.) und Ausculum (279 v. Chr.) bewährten sich die Elefanten. »Den entscheidenden Erfolg aber erzielte er (Pyrrhos, Anm. d. Verf.) durch die Kraft und Wucht der Elefanten, gegen welche die Römer außerstande waren ihre Kampftüchtigkeit zu bewähren und vielmehr gleichsam dem Anrollen einer Meereswoge oder einem alles niederreißenden Erdbebenstoß meinten ausweichen zu müssen, statt sich tatenlos hinzuopfern und ohne jeden Nutzen das Äußerste zu erdulden.« Selbst als die Römer gegen die Elefanten sich zu wehren wussten und Brandpfeile einsetzten, gelang Pyrrhos trotz deutlicher Unterlegenheit in der Schlacht von Beneventum (275 v. Chr.) noch ein Unentschieden. Wieder waren es die Elefanten, die den linken Flügel der Römer bis auf ihr Lager zurückdrängten, so dass dem König wenigstens noch eine halbwegs geordnete Absetzbewegung gelang. Dass er sich am Ende doch nicht gegen die Römer durchsetzen konnte, lag an seinen zu großen Verlusten, die im Ausdruck »Pyrrhussieg« sprichwörtlich geworden sind, an der Fähigkeit Roms, immer wieder neue Heere aufzustellen, und an der Kompromisslosigkeit des römischen Senats, der es ablehnte, mit Pyrrhos zu verhandeln, solange er in Italien Krieg führte.

Der selbstbewusste Hannibal zweifelte keinen Augenblick daran, die Römer schlagen zu können. Sein Heer war mehr als doppelt so groß wie jenes des Königs von Epiros. Die hellenistische Kriegskunst beherrschte er wie kein Zweiter, seine Truppen waren keine Milizionäre, keine italischen Bauern und Handwerker, die man aufbot, wenn Not am Mann war, sondern in zahllosen Schlachten erprobte Berufskrieger. Er selbst stand bei seinen Soldaten im höchsten Ansehen, konnte sich hundertprozentig auf sie verlassen. Seine numidische Kavallerie war der römischen weit überlegen, seinen 37 Elefanten hatten die Römer nichts entgegenzusetzen. Zwar waren es keine indischen, wie sie Pyrrhos zur Verfügung hatte, mit einer Schulterhöhe von drei Metern, die auf ihren Rücken einen Turm mit Bewaffneten tragen konnten, doch auch der afrikanische Waldelefant, der zu dieser Zeit noch in den Bergregionen Nordafrikas lebte und sich gut zähmen ließ, war mit einer Schulterhöhe von 2,35 Metern eine beeindruckende Erscheinung. Um einen Turm zu tragen, war er freilich zu klein. Er wurde wie ein Pferd geritten. Nur Hannibals eigener Reitelefant, der den Namen »Surus« (der Syrer) trug, war wahrscheinlich ein indischer und ein Geschenk der Herrscher Ägyptens, der Ptolemäer.

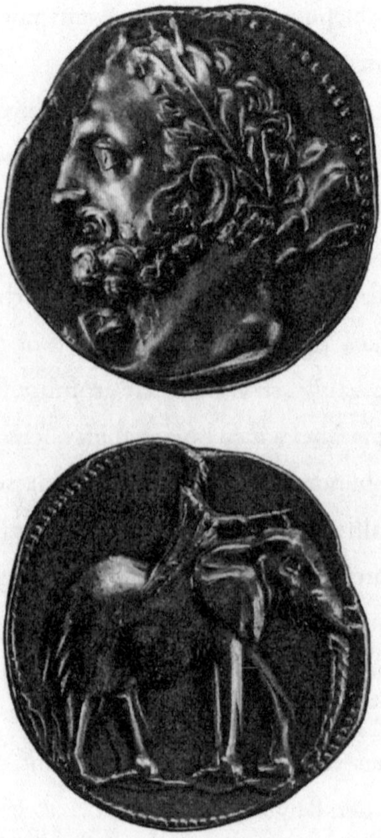

Silberschekel aus Karthago (um 230 v. Chr.) mit Darstellung des Gottes Melkart auf der Vorderseite und einem Kriegselefanten auf der Rückseite

Vermutlich wusste Hannibal durch seine Spione in Rom, was die Römer planten. Aber es ergab sich eigentlich von selbst. Zwei Heere sollten die Karthager angreifen. Das eine zielte direkt auf die Punierstadt und sammelte sich in Sizilien, das andere würde, transportiert durch die römische Flotte, in Spanien landen. An der Spitze dieser Heere stand jeweils einer der amtierenden Konsuln: Tiberius Sempronius Longus und Publius Cornelius Scipio. Statt abzuwarten, hatte Hannibal Besseres vor. Wie Pyrrhos wollte er den Krieg nach Italien tragen. Da er über keine Schiffe verfügte, blieb nur der Landweg. Zwei große Flüsse, der Ebro und die Rhone, mussten überquert, zwei Gebirge, die Pyrenäen und die Alpen, überschritten werden. Von Cartagena bis in die Poebene waren 1600 Kilometer zurückzulegen. Damit der kühne Plan gelang, waren umfangreiche Vorbereitungen nötig.

Erst vier Jahre zuvor war der letzte Keltenkrieg Roms (225–222 v. Chr.) in Oberitalien nördlich des Po siegreich beendet worden. Die unterworfenen Stämme der Insubrer und Boier duldeten nur zähneknirschend die Ansiedlung römischer Kolonisten in den neugegründeten Städten Placentia (Piacenza) und Cremona. Hannibal beabsichtigte, den Kelten zu Hilfe zu kommen und sie zum Anschluss an sein Heer und zum Aufstand gegen Rom zu bewegen. Schon im Winter waren seine Boten aufgebrochen, um mit ihnen ein

Bündnis zu vereinbaren. Im Frühjahr kehrten sie mit den keltischen Gesandten zurück, die meldeten, sie seien bereit und warteten auf ihn. Der Alpenübergang »sei zwar sehr mühsam und schwierig, aber keineswegs unmöglich«. Den Weg des Herakles hätten schon früher keltische Heere aus Gallien bewältigt. Sie würden Führer stellen und ihn bei der Logistik unterstützen.

Damit war dafür gesorgt, dass Hannibal nach den Strapazen des Hochgebirges auf gastfreundliche Aufnahme rechnen durfte. Um aber den Marsch von Spanien zu den Alpen ohne Verzögerungen hinter sich zu bringen, war das Einverständnis der Gallier im Bereich der Marschroute nötig. Mit reichen Geschenken und gutgefüllten Geldbörsen überzeugten seine Botschafter die Oberhäupter der Stämme von den friedlichen Absichten der Karthager. Wieder andere sorgten dafür, dass Ausrüstung, Futter und Verpflegung gegen Bezahlung bereitstanden. Als sich das Heer Hannibals im April in Cartagena versammelte, war die Planung in allen Details abgeschlossen. Jetzt galt es noch, die Götter auf die karthagische Seite zu ziehen und dem Heer und den anderen Völkern deutlich zu machen, warum man in den Krieg zog. Hannibal pilgerte nach Cádiz zu Melkart / Herakles.

Sicher hat sich der Feldherr mit seinen Opfergaben zu einem der großen Tempelfeste eingefunden. Von der Zeit her könnte es das Fest der Auferstehung gewesen sein, das man im Frühjahr beging. Am ersten Tag starb der Gott und wurde symbolisch auf einem Scheiterhaufen verbrannt, am zweiten Tag trug man ihn zu Grabe, am dritten feierte man seine Auferstehung. Indem sich Hannibal bewusst in die griechische Tradition des Herakles-Mythos stellte und dessen Weg über die Alpen wählte, machte er den von Rom um ihre Selbständigkeit gebrachten Griechenstädten Italiens und Siziliens ein Angebot. Wie Alexander der Große die Griechen in Kleinasien vom persischen Joch erlöst hatte, würde es in seiner Nachfolge Hannibal als Befreier tun und wie Herakles das diebische Rom züchtigen. Es ging darum, eine große Koalition zu schmieden, und tatsächlich werden sich Hannibal nicht nur die Kelten anschließen, sondern auch viele Griechenstädte, und selbst der makedonische König Philipp V. wird zu ihm übergehen. So legt es ihm Livius in den Mund: »Mit dem ganzen Weltkreis müsse man in Italien und vor den Mauern Roms Krieg führen.«

Mitte Mai bricht er von Cartagena auf, Mitte Juni steht er am Ebro. Rasch spricht sich im Heer herum, dass der Feldherr vor der Überquerung des Flusses eine Vision gehabt hat. Im Auftrag Baals / Jupiters wird ihn ein göttlicher Bote nach Italien führen, »unter dessen Leitung er mit dem Heere vorgerückt sei; darauf habe der Führer ihm geboten, sich nicht umzusehen; er aber habe dies nicht länger aushalten können und habe sich aus Neugierde umgeschaut und

Überquerung der Rhone: Nach zeitgenössischen Beschreibungen wurden die Kriegselefanten auf Flößen ans andere Ufer gezogen

ein gewaltiges, ungeheures, von Schlangen umwundenes Tier gesehen, das, wo es hinkam, Büsche, Gesträuche und Häuser vernichtete. Hierüber verwundert, habe er den Gott gefragt, was denn das für ein Ungetüm sei, und der Gott habe geantwortet, das sei die Verwüstung Italiens.« Dergestalt politisch und religiös abgesichert, marschierten die Truppen in bester Stimmung ihrem Ziel entgegen.

In drei Heeressäulen zieht Hannibal im August über die Pyrenäen. Wie der große Alexander hat auch der Karthager Wissenschaftler in seinem Stab. Wahrsager, Opferschauer, Priester, Geographen und zwei Historiker, Sosylos, den wir schon als Erzieher Hannibals kennen, und Silenos. Sie sollen den Feldzug in allen Details schildern. Für schlechte Wegstrecken und schwierige Flussüberquerungen marschieren Pionierabteilungen und Techniker mit.

Versuche Roms, die Stämme Galliens gegen die Karthager aufzuwiegeln, scheiterten. Kühl erteilten sie den römischen Gesandten eine Absage: »Weder hätten die Römer sich um sie verdient gemacht, noch hätten die Karthager ihnen Unrecht zugefügt, dass sie entweder für die Römer oder gegen die Karthager zu den Waffen greifen möchten. Dagegen müssten sie hören, dass Menschen ihres Volkes von den Römern aus Italiens Land und Grenzen vertrieben würden, dass sie Tribut zahlen und anderes Unwürdiges erleiden müssten.«

Wie groß war Hannibals Heer? Alle Biographen und Militärhistoriker sind sich einig, dass die Zahlen unserer Hauptquellen, Polybios und Livius, heillos übertrieben sind. Nicht mit 130 000 Mann sei Hannibal ausmarschiert, sondern nur mit 82 000. Davon habe er vor Erreichen der Pyrenäen 20 000 Mann zum Schutz Karthagos zurückgesandt und weitere 26 000 Mann unter dem Kommando seines Bruders Hasdrubal in Spanien zur Abwehr einer römischen Invasion zurückgelassen. So bleiben für den Alpenübergang noch 36 000 Mann – und natürlich die Elefanten.

Während sich Hannibal durch Südfrankreich auf die Rhone zubewegte, trieben die Römer ihre Kriegsvorbereitungen voran. Das eine römische Heer sammelte sich in Sizilien, um Karthago anzugreifen, das andere, unter dem Kommando des amtierenden Konsuls Publius Cornelius Scipio, schiffte sich mit Kurs auf Spanien in Genua ein. Wie Hannibal wollten die Römer den Krieg im Feindesland führen. Um seinen Soldaten Erholung zu gönnen, die durch einen Sturm seekrank geworden waren, unterbrach Scipio die Reise im befreundeten Massilia. Dort erfuhr er das Unglaubliche, Hannibal, den er noch in den Pyrenäen vermutete, war bereits an der Rhone und bereitete den Übergang des Flusses vor. Mit allem hatte Scipio gerechnet, aber nicht damit, »dass Hannibal mit seinem fremdstämmigen Heer den Zug über die Alpen überhaupt unternehmen werde. Denn das, meinte er, bedeute unzweifelhaft seinen Untergang.«

Wo Hannibal die Rhone passierte, wissen wir nicht. Nördlich von Avignon oder bei Beaucaire-Tarascon weiter südlich. In jedem Fall war es eine Stelle, wo der Fluss breit, flach und ohne starke Strömung floss, denn die Elefanten mussten hindurch. Ob sich der Übergang tatsächlich so ereignet hat, wie ihn Livius und Polybios berichten, ist sehr fraglich. Demnach habe man vermittels einer mit Erde bedeckten Brücke, die sechzig Meter in die Rhone ragte, den Elefanten die Illusion vermittelt, auf sicherem Boden zu sein. Am Ende dieses Steges befanden sich dreißig Meter lange Flöße, auf denen jeweils drei Elefanten Platz fanden. Gezogen von mehreren Booten, wurden sie ans andere Ufer gebracht. Beide Autoren beschreiben, dass es nicht ohne Zwischenfälle abging: »Auch stürzten einige, als sie tobten, in den Fluss: indes, schon durch ihre Schwere aufrecht gehalten, warfen sie ihre Lenker ab, suchten selbst Fuß vor Fuß die seichten Stellen und kamen glücklich an Land.« – »Denn infolge ihrer Stärke und der Größe ihrer Rüssel, die sie über das Wasser empor hielten, so dass sie atmen konnten, und mit denen sie zugleich alles Wasser, das sie schluckten, wieder ausbliesen, hielten sie stand, obwohl sie das längste Stück unter Wasser hoch aufgerichtet gehen mussten.« Livius bietet eine weitaus einfachere Version, und nicht wenige Forscher halten sie für die plausiblere. Demnach habe einer der Mahouts den wildesten und stärksten Elefanten so lange geneckt, bis das Tier auf ihn losging. Der Mann sprang in die Rhone, das Leittier ebenfalls, und alle Elefanten folgten ihm.

Das eigentliche Problem bestand darin, dass Hannibal sich erst das gegenüberliegende Ufer freikämpfen musste, da ein Keltenstamm sich die Gelegenheit, Beute zu machen, nicht entgehen lassen wollte. Als ihm das mit einem taktisch geschickten Umgehungsmanöver gelungen war, brachten ihm seine Kundschafter die Nachricht, dass ein römisches Heer nur vier Tagesmärsche von ihm entfernt im Rhone-Delta gelandet sei. Zur gleichen Zeit erreichte ihn eine Gesandtschaft der oberitalienischen Boier unter ihrem Fürsten Magalus, der Hannibal ein Bündnis anbot und ihm abriet, schon jetzt gegen die Römer zu kämpfen. Verstärkt um keltische Hilfstruppen, wäre sein Heer jenseits der Alpen um ein Vielfaches größer. Er machte den Soldaten Mut mit dem Versprechen, »sie sicher und rasch nach Italien zu führen, und das durch Gegenden, in denen sie keinen Mangel leiden würden«. Der Hauptgrund dürfte freilich gewesen sein, dass Hannibal selbst als Sieger in der Schlacht zu viel Zeit verloren hätte, um noch in diesem Jahr die Alpen zu überqueren. Sein gesamter Kriegsplan basierte auf dem Moment der Überraschung. Überwinterte er in Gallien, würden die Römer genügend Zeit haben, die aufständischen Kelten zu unterwerfen und sich auf die Blockierung der Alpenpässe vorzubereiten. Dass die Gefahren der Alpen nur in der Phantasie der Menschen existierten, erläuterte Hannibal dem Heer mit schlagenden Argumenten: Erstens seien die Alpen auch nur Berge und nicht höher als die Pyrenäen, zweitens stießen sie nicht an den Himmel und seien von Menschen überwindbar, drittens seien sie bewohnt und bebaut und ernährten die in ihnen lebenden Menschen, viertens gebe es Wege für Menschen, also auch für das Heer. Das zeigten die Gesandten, die zu ihm gekommen seien, und natürlich auch die in Italien lebenden Gallier, die nicht dort geboren, sondern zugezogen seien.

Die Römer mussten ihre Angriffspläne aufgeben. Scipio kehrte um, und das in Sizilien stationierte Heer wurde eilends nach Norden beordert. Die Strategie Hannibals bewährte sich glänzend. Die drohende römische Invasion der karthagischen Kernländer in Spanien und Nordafrika war abgewendet, Italien wurde Kriegsschauplatz. Livius kommentiert einigermaßen mürrisch: »Zum Krieg gegen die Punier ist auch noch ein Krieg gegen die Gallier hinzugekommen.« Voraussetzung war freilich, dass Hannibal die Überschreitung der Alpen gelang.

Unsere Hauptquellen, Livius und Polybios, sind aus zwei ganz unterschiedlichen Intentionen verfasst. Livius

(59 v. Chr. – 17 n. Chr.) gilt als Haushistoriker des ersten römischen Kaisers Augustus, mit dem er befreundet war. Seine Römische Geschichte, die er in 142 Büchern vorlegte, ist die Parallele zu den politischen Bestrebungen des Kaisers, dem Römertum nach den Wirren der Bürgerkriege neuen Stolz auf seine großen Leistungen einzuflößen. Livius kam es nicht darauf an, Hannibals Route nachzuzeichnen. Die Alpen kannte er gar nicht. Mit seinen exzessiven Schilderungen des durch die Schluchten tosenden Hochwassers, des Schnees, der Lawinen, der unermesslichen Abgründe und schroffen Grate wollte er zeigen, dass sich die Natur selbst gegen den Frevel Hannibals wehrte, den von den Göttern aufgerichteten Alpenbogen, den »Schutzwall Italiens«, zu überschreiten – weshalb sich die Schwierigkeiten steigern, je näher Hannibal Italien kommt. Livius benutzte – zwar ohne Quellenangabe, wie damals üblich – die Werke anderer Historiker, hat jedoch aus seiner Unkenntnis der Region zwei Wege so miteinander kombiniert, dass sie keinen Sinn ergeben.

Der Grieche Polybios (200–120 v. Chr.), der in seiner vierzigbändigen Weltgeschichte der Frage nachging, wie und wodurch sich der Aufstieg Roms vollzog, hat dagegen selbst die Alpen bereist, sich mit Zeitzeugen unterhalten und dazu noch die Notizen des Silenos, eines der Hannibal-Historiker, dessen Werk verlorenging, verarbeitet. Als hätte er geahnt, wie spätere Historiker die Gefahren der Berge aufbauschen würden, kritisierte er, dass die Alpen oft »so steil und unwegsam geschildert werden, dass nicht einmal Fußgänger ohne Gepäck, viel weniger Pferde und ganze Heere und dazu noch Elefanten sie leicht passieren können und uns zugleich die Landschaft als eine einzige Einöde gemalt wird«. Und gereizt fährt er fort: »Ebenso offenbart sich ihre Unwahrhaftigkeit an dem, was sie von der Verlassenheit, der Steilheit und Unwegsamkeit jener Gegend erzählen.« Denn sie wüssten erstens nicht, dass die in Gallien lebenden Kelten mit großen Heeren sogar in neuerer Zeit die Alpen überquert hätten, um gegen die Römer zu kämpfen, und zweitens nicht, »dass in den Alpen selbst viele Menschen wohnen, ... die mittleren Höhenlagen tragen auf beiden Seiten Wald und Bäume und sind durchweg bewohnbar«.

Zieht man von den Ereignissen bei der Alpenüberquerung ab, was einer Darstellung geschuldet ist, die vor allem die Leser zu fesseln beabsichtigte, dann wird man von einem wohlvorbereiteten Unternehmen sprechen, das große Anforderungen an die Logistik stellte, allein schon deswegen, weil die Wege nicht wie heute ausgebaut waren und die Männer nur zu zweit nebeneinander marschieren konnten. Aber alle Schwierigkeiten wurden überwunden. Seien es die zwei Überfälle, die beutegierige Bergbewohner wagten, sei es, dass die Passhöhen wegen der vorgerückten Jahreszeit schon verschneit waren oder dass die »enge und steile« nach Italien hinunterführende Trasse durch einen Bergrutsch verschüttet und unpassierbar wurde. Doch in nur drei Tagen gelang es den Pioniertruppen, sie wieder gangbar zu machen und die Lasttiere und Elefanten, »die durch den Hunger arg mitgenommen waren«, in die Ebene und auf grüne Weiden zu bringen. Das Vertrauen in den Feldherrn blieb ungebrochen. Kurz vor dem Ziel und bereits auf der Passhöhe wurde das Heer im einsetzenden Schneetreiben zwar mutlos, aber mit der Aussicht auf die Ebene des Po und das Ende der Anstrengungen munterte Hannibal seine Männer wieder auf. Von Cartagena bis Italien hatten sie fünf Monate gebraucht, für die Alpenüberquerung fünfzehn Tage.

Sowohl Polybios als auch Livius betonen den militärischen Nutzen der Kriegselefanten. Einem verräterischen Angriff, den Hannibal als vorausschauender Feldherr längst geahnt hat, begegnet er durch geschickte Umgruppierung seiner Truppen: »Den größten Dienst leisteten ihm dabei die Elefanten. Denn dort, wo diese sich in der Marschkolonne befanden, wagten sich die Feinde nicht nahe heran, aus Angst vor der ungewohnten Erscheinung dieser Tiere.«

Livius ergänzt: »Die Elefanten wurden zwar mit großem Zeitverlust über die engen Wege weitergebracht, gewährten aber überall, wohin sie stampften, dem Zuge Sicherheit vor den Feinden, weil diese, ihrer ungewohnt, Furcht hatten, sich ihnen zu nähern.« Tatsächlich ging keiner der Elefanten verloren. Die im 19. Jahrhundert gern gezeichneten Motive der mit ihren Führern in die Schluchten des Gebirges stürzenden Tiere sind, zum Bedauern der Archäologen, reine Erfindung.

Unsere Quellen sprechen von gewaltigen Verlusten, die das Heer auf dem Marsch durch die Alpen erlitt. Polybios beziffert sie auf die Hälfte, Livius gar auf zwei Drittel, und viele moderne Historiker sind diesen Angaben gefolgt. Polybios stützt sich bei seiner Berechnung auf Hannibals eigene Aussagen: »Von seinem Heer hatte er glücklich durchgebracht an Fußtruppen zwölftausend Libyer und gegen achttausend Iberer, Reiter aber im Ganzen nicht mehr als sechstausend: dies bezeugt er selbst auf der Säule in Lacinium, die die Zahl seiner Truppen verzeichnet. ... Er hatte daher von einem Heer von 38 000 Mann zu Fuß und mehr als 8 000 Reitern, mit denen er vom Übergang über die Rhone aufbrach, beim Überschreiten der Alpen, wie oben berichtet, fast die Hälfte eingebüßt.« Die von Polybios als Beweis angeführte »Säule« war Hannibals Tatenbericht, den er dreizehn Jahre später, im Jahre 205 v. Chr., im Tempel der Hera am lakinischen Vorgebirge bei der süditalienischen Stadt Locri Epizephyrii anbrachte. In dieser Zeit hatte er Rom in vier entscheidenden Schlachten besiegt, insbeson-

Der Abenteurer und Reiseschriftsteller Richard Halliburton auf den Spuren Hannibals

dere in der Schlacht bei Cannae (216 v. Chr.), bei der die Römer 70 000 Mann verloren und die in den Annalen der Stadt als schlimmste Niederlage ihrer Geschichte aufgezeichnet ist. Jedes Mal hatte er mit zahlenmäßig unterlegenen Truppen und nur durch seine Feldherrnkunst gesiegt. Sie war umso höher zu veranschlagen, je kleiner das Heer war, das er nach Italien geführt hatte. Vollkommen zu Recht betont daher der Hannibal-Biograph Seibert den »Propagandacharakter« der Inschrift. Als belastbares Faktum für die tatsächliche Stärke des Heeres kann sie nicht dienen. Fast hundert Jahre zuvor hatte schon Delbrück bezweifelt, dass angesichts der peniblen Vorbereitungen Hannibals zwei Angriffe der Bergbewohner und etwas Schnee ausreichen sollten, um die nach Polybios 46 000 Mann an der Rhone auf 26 000 Mann in Oberitalien zu reduzieren. Heillos übertrieben seien diese Verluste. Nach den Berechnungen Delbrücks zählte Hannibals Heer 36 000 Mann. Nach der Alpenüberquerung waren davon noch 34 000 Mann übrig.

Welche Route Hannibal durch die Alpen nahm, welche Pässe er überschritt und wie spät im Jahr ihm der Übergang glückte, hat von jeher Historiker, Touristiker und Laien interessiert. Dabei sind diese Angaben unwichtig, gemessen an der historischen Leistung des Karthagers.

Anders ausgedrückt: »Wesentliche strategische oder taktische Folgerungen ergeben sich aus der Verschiedenheit der

Wege nicht.« Eher kurios muten daher die Versuche an, den Weg Hannibals mit Hilfe von echten Elefanten nachzuweisen. 1935 machte sich der amerikanische Abenteurer und Reiseschriftsteller Richard Halliburton (1900–1939) zum Großen St. Bernhard auf, wobei er offensichtlich Hannibal mit Napoleon verwechselte, denn dieser Pass scheidet definitiv als Möglichkeit aus. 1956 folgte eine Expedition des British Museum, 1958/59 die Cambridge Alpine Elephant Expedition über den Mont Cenis. Im September 1979 startete der vorerst letzte Versuch mit zwei Elefanten eines tunesischen Zirkus, die ohne Schwierigkeiten den in Frage kommenden Saumpass des Col de Clapier bewältigten.

Obwohl Polybios die Tage in den Alpen mit großer Akribie beschreibt, sowohl was die Zeitangaben als auch was die Landschaftsmerkmale angeht, lässt sich daraus keine definitive, allenfalls eine vermutete Route konstruieren. Der Schweizer Gelehrte Josias Simler, der 1574 das erste große Werk über die Alpen veröffentlichte, schlug den Mont Genèvre oder den Mont Cenis vor, schloss aber nicht aus, dass Hannibal sein Heer auch geteilt haben könnte. Schließlich habe Kaiser Friedrich Barbarossa (1122–1190) mit seinem ritterlichen Aufgebot bei seinem zweiten Italienzug im Jahre 1158 gleich vier Pässe, den Predil, den Großen St. Bernhard, den Septimer und den Brenner benutzt. Tatsächlich gibt es gute Gründe, zwei Heeresgruppen der Karthager anzunehmen. Denn Polybios und Livius unterscheiden sich eklatant im Zielgebiet. Bei Polybios rückt Hannibal »mutig in die Ebenen um den Po und in das Gebiet der Insubrer ein«. Die konnte er aber nur erreichen, wenn er den Weg durch das Isèretal zum Kleinen St. Bernhard wählte, wo er über Aosta und das Gebiet der mit den Insubrern befreundeten Salasser italienischen Boden betrat. Bei Livius heißt es hingegen: »Die Tauriner, ein halbgallisches Volk, traf er zunächst, als er nach Italien herabgestiegen war.« Dieser Weg führte weiter südlich durchs Tal der Durance und über den Mont Genèvre ins Susa-Tal und nach Turin. Ein zweigeteiltes Heer anzunehmen erscheint auch deswegen logisch, weil Hannibal schon in den Pyrenäen in drei Abteilungen vorrückte.

Der berühmte Althistoriker Theodor Mommsen (1817–1903), der im Jahre 1902 für seine »Römische Geschichte« den Literaturnobelpreis erhielt, argumentiert dagegen ganz praktisch. Hannibal sei gezwungen gewesen, den Weg zu nehmen, der für seinen großen Tross, die Pferde, Lasttiere und Elefanten gangbar gewesen sei und über genügend Nahrungsmittel geboten habe. Deswegen sei für das karthagische Heer nur das Tal der Isère in Frage gekommen, denn dieses Tal reiche unmittelbar an den Pass des Kleinen St. Bernhard heran und sei von allen Westalpentälern »das breiteste, fruchtbarste und bevölkertste«. Diese Route sei von den ältesten Zeiten her die große keltische Heerstraße von Gallien nach Italien gewesen. Der Weg über den Mont Genèvre nach Turin sei zwar kürzer, führe aber durch ein sehr karges Bergland. Entscheidend sei freilich, dass Hannibal gar nicht ins Gebiet der Tauriner habe gehen wollen, da diese mit den mit ihm verbündeten Insubrern verfeindet waren.

Die Mehrheitsmeinung der Wissenschaft favorisiert zurzeit die Strecke durch das Isère- und Arctal und über den Saumpfad des Col de Clapier, eines südlichen Nebenpasses des Mont Cenis, auf den die Angaben des Polybios hinsichtlich der Marschdauer von der Rhone, des Platzes für ein Heerlager und des in Richtung Italien steilen Abstiegs offensichtlich zutreffen. Der als weiteres Kriterium genannte Blick auf die Poebene, der von der Passhöhe aus möglich sein soll, wird von anderen Besuchern als nicht gegeben bestritten. Ob es wirklich die Aussicht und nicht eher das Charisma des Feldherrn war, was die Soldaten motivierte, muss offenbleiben. Denn die Rede Hannibals wurde bei schlechtem Wetter und Schneefall gehalten, was die Sicht gehörig einschränkte.

Man kann sich freilich fragen, warum Hannibal mit dem Col de Clapier ausgerechnet einen 2482 Meter hohen Pass gewählt haben sollte, wo ihm doch der 1850 Meter hohe Mont Genèvre und, noch niedriger, der Col de l'Échelle mit nur 1766 Meter Passhöhe zur Auswahl standen. Diese von den Römern in den Jahren 120–118 v. Chr. ausgebaute, als Via Domitia bezeichnete Straße führte nach nur ca. 480 Kilometern von der Rhone bei Beaucaire-Tarascon durch das Tal der Durance nach Turin und folgte damit einer alten vorrömischen Route, was sich anhand der sämtlich keltischen Ortsnamen belegen lässt. Damit bot sie die einfachste, kürzeste und flachste Möglichkeit, die Alpen zu überqueren. Der Weg über den Kleinen St. Bernhard mit einer Passhöhe von 2188 Metern ist dagegen 120 Kilometer länger. Die Anhänger der hohen Pässe, zur Wahl stehen auch noch der Col de la Traversette (2914 m), der Col de Mary (2654 m) und der Col de Savine-Coche (2480 m), bekamen neuerdings archäologische Unterstützung. Pollenuntersuchungen hätten erwiesen, dass zu Hannibals Zeiten das Klima wärmer, die Waldgrenze höher gewesen sei. Dagegen steht die Auffassung, dass im Subatlantikum das Klima kühler wurde, die Waldgrenze in den Alpen um 300–400 Meter sank und eine Klimaerwärmung, das »Optimum der Römerzeit«, erst unter Kaiser Augustus einsetzte.

Kehren wir zu Hannibal zurück. Mitte September bis Anfang November 218 v. Chr. in Italien angekommen, führte er im Feindesland bis 203 v. Chr. Krieg. Schon 217 v. Chr. verlor er im nasskalten italienischen Winter und Frühjahr alle Elefanten bis auf einen. Trotzdem blieb er wie Pyrrhos all die Jahre unbesiegt. Ein römisches Trauma, das im Ruf »Hannibal ad portas« – Hannibal vor den Toren, nämlich Roms – seinen Ausdruck fand. 202 v. Chr. wurde er bei Zama in Nordafrika von den Römern erstmals geschlagen. Ein Jahr später endete auch der Zweite Punische Krieg mit der Niederlage Karthagos. In der Folgezeit versuchte Hannibal, zeitweise sogar als oberster Repräsentant des Stadtstaates (Suffet), durch Reformen die angespannte Haushaltslage zu verbessern. Zum Missfallen Roms, das 195 v. Chr. seine Auslieferung verlangt und ihn damit zur Flucht aus seiner Heimatstadt zwingt. Als Gastfreund und militärischer Berater verbringt er zwölf Jahre an den Höfen der Seleukiden, in Armenien und zuletzt in Bithynien bei König Prusias. Immer wieder muss er vor den Römern fliehen. Als der römische Gesandte Flaminius diplomatischen Druck auf Prusias ausübt, gibt Hannibal auf und begeht nach Livius mit folgenden Worten Selbstmord: »Wir wollen das römische Volk von einer langen Sorge befreien, da es glaubt, es dauere zu lange, auf den Tod eines alten Mannes zu warten.« Umstellt von den Häschern, beschreibt Cornelius Nepos sein Ende: »Nun wusste Hannibal, … dass es sinnlos war, sich weiterhin an das Leben zu klammern. Damit er dieses nicht nach dem Ermessen anderer beenden müsse, erinnerte er sich seiner alten Tapferkeit und nahm das Gift, welches er immer bei sich trug.« Der Althistoriker Werner Dahlheim hat den Freitod des großen Feldherrn, den die Geschichtsschreibung mit Caesar und Alexander dem Großen in eine Reihe stellt, mit bewegenden Worten kommentiert: »Zu erwarten gab es nichts mehr. Das Alter und der Zustand der Welt, die sich im drohenden Schatten Roms neu formierte, boten keine Hoffnung und keinen Trost.« Hannibal starb im Alter von 64 Jahren.

IV

Die Kimbern kamen nicht über den Brenner

»Wir gehen einfach fort, was ist das für ein Jammerort.«

Goethe, Faust I

Weshalb die germanischen Teutonen, Kimbern und Ambronen etwa um 120 v. Chr. ihre Heimat verließen, die wahrscheinlich in Jütland südlich des Limfjords und auf der Insel Amrum zu suchen ist, erklärte der griechische Philosoph Poseidonios (135–51 v. Chr.) mit dem Vordringen des Meeres, das mit ungeheuren Sturmfluten ihre Felder und Weiden vernichtet habe. Sein Landsmann Strabo (63 v. Chr. – 23 n. Chr.) war da skeptischer und vermutete eher die bei Barbarenstämmen verbreitete Wanderlust und die Freude am Beutemachen. Durchaus möglich, dass beides eine Rolle spielte. In jedem Falle war die Richtung klar: Im Süden lag das Glück. Von dort kamen die besten Schwertklingen, das

Gold, kostbares Tafelgeschirr, Schmuck, Seide und manchmal eine Amphore mit jenem Stoff, der so herrlich trunken machte: Wein. Auch hatte sich bis zu den nördlichen Stämmen herumgesprochen, dass es im Süden warm sei, der Winter unbekannt und die Bewohner reich.

Davon auszugehen, dass alle aufbrachen, wäre unrealistisch. Eine römische Flottenexpedition, die im Jahre 5 n. Chr. die Nordsee erkundete, sichtete genügend Daheimgebliebene. Wie immer bei solchen Gelegenheiten machte sich der abenteuerlustige, dynamische Teil der Stämme auf den Weg. Die jungen Männer, die nicht bei der Feldarbeit versauern wollten, die Frauen und Kinder, die ihre Krieger begleiteten und auf ein besseres Leben hofften. Als charismatischer Anführer fungierte bei den Teutonen König Teutobod. Im großen Treck mit von Ochsen gezogenen Planwagen zogen sie die Elbe aufwärts nach Süden. Das vergleichsweise dichtbesiedelte Stromtal zu passieren spricht für ein kriegerisch-machtvolles Auftreten. Offenbar hatten die Elbanrainer kein Interesse, sich mit den wandernden Scharen auf einen Kampf einzulassen, verproviantierten sie, weil ihnen nichts anderes übrigblieb, und ließen sie weiterziehen. So gelangten sie ins Böhmische Becken. Hier wären sie angesichts der fruchtbaren Böden gerne geblieben. Doch die ansässigen Boier weigerten sich zu teilen und warfen sie aus dem Land. So zogen sie weiter südwärts zu den Norikern im heutigen

Kärnten. Aber auch diese hatten nicht die mindeste Lust, die »plündernden Scharen« aufzunehmen, womit erklärt ist, wie sich die drei Stämme ihren Lebensunterhalt zu beschaffen pflegten, und baten die benachbarten Römer um Hilfe.

Im römischen Senat befürchtete man sogleich das Schlimmste. Kamen die Zeiten wieder, als die Kelten Rom angegriffen und zerstört hatten, wie 387 v. Chr. geschehen? Musste man befürchten, dass die keltischen Stämme Oberitaliens und der gerade eroberten Provence sich mit den Neuankömmlingen verbündeten, wie damals, als Hannibal die Alpen überschritt? »Principiis obsta« (wehre den Anfängen) lautete ein ehernes Prinzip römischer Außenpolitik. 113 v. Chr. brach der Konsul Gnaeus Papirius Carbo mit einem Heer in die Ostalpen auf, um die Lage zu klären und die drohende Gefahr zu beseitigen.

Beide Seiten zeigten sich voneinander beeindruckt. Die schiere Masse der wandernden Stämme flößte den Römern genauso Respekt ein wie den Germanen der Anblick der Legionen. Also verhandelte man. Carbo betonte, dass die Noriker als »Freunde des römischen Volkes« unter dessen Schutz stünden, die Kimbern und Teutonen entschuldigten sich. Hätten sie davon Kenntnis gehabt, wären sie niemals zu den Norikern vorgedrungen. Sie schlugen vor, sich wieder in Richtung Donau zu wenden. Carbo stimmte zwar zu, aber er traute ihnen nicht. Was, wenn sie die Abmachung nicht einhielten und trotzdem versuchten, nach Italien einzudringen? Über die niedrigen Ostalpenpässe wäre es sogar für die Ochsenkarren leicht gewesen. Also entschloss er sich, die Stämme anzugreifen. Während die Germanen nach Norden abmarschierten, umging er sie auf einer Parallelroute und überfiel die Nichtsahnenden, als sie gerade dabei waren, ihr Lager zu errichten. Aber die so fein geplante Überrumpelung ging gründlich schief. Die Kimbern, mit denen die Römer zuerst aneinandergerieten, improvisierten in aller Eile eine Abwehrstellung, drängten die Legionen zurück, und Carbo »büßte indes schwer für diesen Wortbruch und erlitt hohe Verluste«. Am Ende rettete ihn und die Reste seines Heeres nur ein gewaltiges Gewitter, in dessen schützenden Regenfluten sich die Römer absetzen konnten. Die Schlacht von Noreia, so ihr Name in der Geschichte, endete mit einer schmählichen Niederlage.

Die Pforte Italiens stand offen, doch die Stämme durchschritten sie nicht. Sie behielten ihre nördliche Richtung bei und schwenkten dann, immer am Alpenrand entlangziehend, nach Westen ab. 111 v. Chr. erreichten sie das keltische Helvetierland, das sich in dieser Zeit noch bis nach Südwestdeutschland erstreckte, und überquerten den Rhein. Zu vermuten steht, dass nicht der Zufall sie nach Gallien trieb, sondern ein Vertrag, der sie als Söldner in den Dienst eines der führenden Keltenstämme nahm. Schon seit längerer

Zeit waren es nicht nur die Angehörigen der drei genannten Stämme, die den Treck bildeten. Wer wollte und den Mut dazu aufbrachte, schloss sich den wandernden Scharen an. Dabei war es ganz gleich, ob der betreffende Krieger oder Stamm germanisch oder keltisch war. Der Geograph Strabo hat die Gründe hierfür anschaulich beschrieben: »Als aber die Helvetier gesehen hätten, dass der durch Raub gewonnene Reichtum ihren eigenen bei weitem übertraf, da seien sie – vor allem die Tiguriner (einer der vier Gaue der Helvetier, Anm. d. Verf.) – verlockt worden, zusammen mit den Kimbern aufzubrechen.« Deren König wiederum, Boiorix, trug einen keltischen Namen. Ob er diesen Namen angenommen oder im Verlauf der Wanderung ein Kelte aufgrund seiner militärischen Fähigkeiten den Befehl über die germanischen Kimbern übernommen hatte, muss offenbleiben, da entsprechende Quellen fehlen.

Wie groß die Bedrohung in Zahlen ausgedrückt tatsächlich gewesen ist, lässt sich nur schwer berechnen. Die Angaben beim griechischen Schriftsteller Plutarch (45–125 n. Chr.) in seiner Marius-Biographie sind heillos übertrieben. Über 300 000 Kämpfer sollen die Teutonen, Kimbern und Ambronen gezählt haben, dazu noch eine weit größere Menge an Frauen und Kindern. Allein die Ambronen schätzte Plutarch auf 30 000 Krieger, zählt man nur das Vierfache an Frauen und Kindern hinzu, hätte ihre Heimat

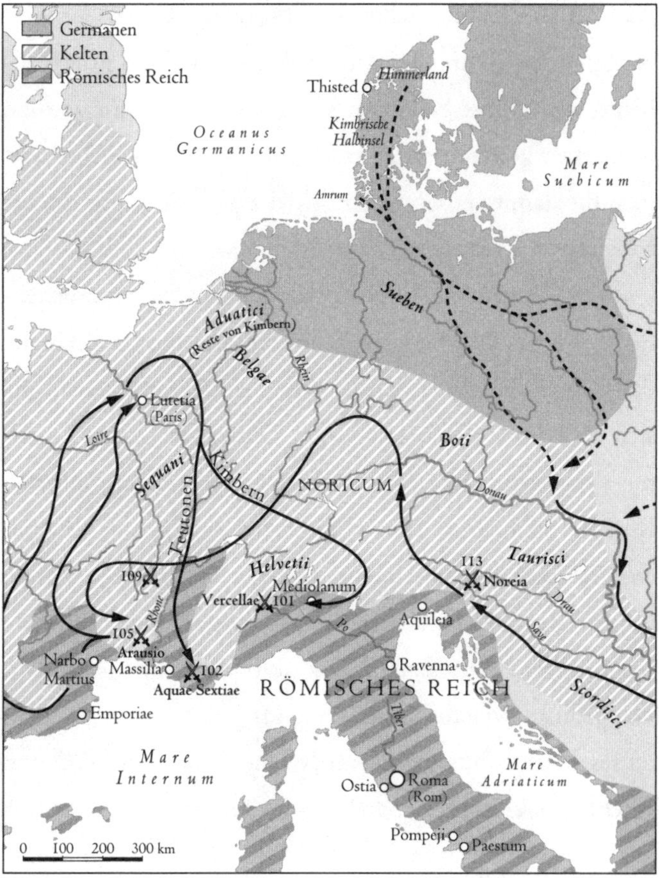

Die Züge der Kimbern und Teutonen im 2. Jh. v. Chr.

Amrum zu den am dichtesten besiedelten Orten der Welt gehört, sogar wenn man annimmt, dass die Insel größer als heute war. Selbst Schätzungen, dass es insgesamt 300 000 Menschen gewesen seien, erscheinen als zu hoch, bedenkt man die damit verbundenen Schwierigkeiten in puncto Ernährung und Transport.

Vom Oberlauf des Rheins schwenkten die landsuchenden Stämme nach Südgallien ab und gerieten dadurch auf das Gebiet der römischen Provinz Gallia Narbonensis, die sich die Rhone aufwärts bis zum Genfer See (Lacus Lemanus) erstreckte. Trotz ihrer schlechten Erfahrung mit den Römern nahmen sie wiederum Verhandlungen auf und baten Volk und Senat darum, »ihnen etwas Land zu geben, im übrigen möge es nach Belieben über ihre Hände und Waffen verfügen«. Der Senat lehnte ab und schickte 109 v. Chr. den Konsul Marcus Iunius Silanus gegen sie. Aber auch dieses Heer Roms wurde im Rhonetal von den Kimbern geschlagen. Gleiches geschah 107 v. Chr. dem Konsul Lucius Cassius Longinus gegen die Tiguriner an der Garonne. Die erlittene Schmach wurde noch dadurch gesteigert, dass die Sieger die römischen Verlierer mit gebeugtem Nacken unter das Joch zwangen.

So konnte es nicht weitergehen. Nach drei Niederlagen schickte Rom zwei Jahre später, 105 v. Chr., gleich zwei Heere, das eine unter dem Konsul Gnaeus Mallius Maximus, das andere unter dem Prokonsul Quintus Servilius Caepio, gegen die gesammelte Macht der Kimbern, Teutonen, Ambronen und Tiguriner. Die von dieser Zurschaustellung römischer Macht durchaus beeindruckten Germanen erneuerten ihre Bitte um Frieden, Ackerland und Saatgut, wurden aber von Caepio »in herabwürdigender Weise fortgejagt«. Der Prokonsul, von seinen Fähigkeiten mehr als überzeugt, wollte sich den Sieg über die Feinde vor seinem Konkurrenten sichern und lehnte jegliche Kooperation mit ihm ab. So ging die Schlacht wegen der Eitelkeit Caepios und seiner Weigerung verloren, sich mit dem Konsul, der ihm de facto übergeordnet war, »auf einen gemeinsamen Plan der Kriegführung zu einigen«. Es kam hinzu, dass Caepio, aus einem der ältesten Patriziergeschlechter stammend, das seit Jahrhunderten dem Senat angehörte, in Mallius nur einen Emporkömmling (homo novus) sah. Die Schlacht von Arausio (Orange) wurde am 6. Oktober geschlagen, der fortan bei den Römern als Unglückstag galt. Die katastrophale Niederlage mit ähnlichen Verlusten wie hundertzwanzig Jahre zuvor bei Cannae (216 v. Chr.) gegen Hannibal sperrte den wandernden Völkern ein zweites Mal das Tor nach Italien sperrangelweit auf.

Völlig berauscht von ihrem Sieg, praktizierten die Germanen ein Opferritual, das sie nach der Meinung der Römer aus dem Kreis der zivilisierten Völker ausschloss und bei einer Invasion Italiens das Schlimmste befürchten ließ. Als

Dank an ihre Götter opferten sie die gesamte Kriegsbeute: »Die Kleidung wurde zerrissen und weggeworfen, Gold und Silber in den Fluss geschleudert, die Panzer der Männer zerschlagen, der Stirn- und Brustschmuck der Pferde vernichtet, die Pferde selbst wurden in den Fluten ertränkt; den Menschen legte man Schlingen um den Hals und hängte sie an den Bäumen auf, so dass der Sieger nichts von der Beute, der Besiegte nichts von einem Mitgefühl spürte«, berichtet der im fünften nachchristlichen Jahrhundert lebende Historiker Orosius, und Strabo fügt noch die Variante hinzu, dass Priesterinnen ausgewählten Gefangenen über großen Kesseln die Kehlen durchgeschnitten hätten, um aus dem ausströmenden Blut die Zukunft zu prophezeien. Was aber in den Augen der Römer das Fass zum Überlaufen brachte, war die Behandlung, die dem ehemaligen Konsul Marcus Aurelius Scaurus widerfuhr. Gefangen genommen, warnte er den Kimbernkönig davor, die Alpen zu überschreiten und in Italien einzufallen. Niemand könne die Römer besiegen. Der dadurch provozierte Boiorix ließ Scaurus, der einmal der höchste Repräsentant des römischen Staates gewesen war, ohne Umstände hinrichten.

Seit neun Jahren währte der Krieg gegen die fälschlicherweise für Kelten gehaltenen Germanen, und die Feldherrenkunst der großen römischen Geschlechter, die aufgrund ihrer Herkunft und der Verdienste ihrer Ahnen ganz selbstverständlich die Führungspositionen in der Politik und im Krieg beanspruchten, hatte den Römern nichts als Niederlagen eingebracht. So musste der Blick auf einen Mann fallen, der nicht der Senatsaristokratie, sondern dem zweiten Stand, den Rittern, angehörte und im Jahr der Katastrophe von Arausio seinen Krieg in Nordafrika gegen den Numiderkönig Jugurtha siegreich beendet hatte: Gaius Marius (158–86 v. Chr.). Der zwei Generationen später lebende Marcus Tullius Cicero (106–43 v. Chr.) charakterisierte ihn als »Bauernkerl, aber ein ganzer Kerl«. Dabei war er wie Cicero ritterlicher Abstammung, stammte aus der gleichen Gegend und war wie dieser ein »homo novus«, das heißt der Erste seiner Familie im Senat. 107 v. Chr. hatte er bereits einmal das Konsulat innegehabt. Jetzt, unter dem Eindruck der Kimbern- und Teutonengefahr, wurde er 104 v. Chr. zum zweiten Mal zum Konsul gewählt. Wider alle Regeln bekleidete er das Amt sechs Mal bis zum Jahre 100 v. Chr. Dann war die Gefahr vorbei, und Marius legte den Oberbefehl nieder.

Es blieben Marius zwei Jahre zur Vorbereitung, denn wider Erwarten zogen die Feinde nicht nach Italien. Vielmehr wandten sich die Teutonen auf ihrer Suche nach Siedlungsland nach Nordgallien, die Kimbern zogen nach Spanien. Diese Zeit, bis die Teutonen aus Nordgallien zurückkehrten, hinausgeworfen von den genauso streitbaren Belgern, und sich wieder mit den Kimbern vereinigten, die ebenfalls an dem erbitterten Widerstand der Keltiberer gescheitert waren, nutzte Marius für eine grundlegende Reorganisation der römischen Armee. Bisher war sie ein Milizheer besitzender Bürger gewesen, die ihre Ausrüstung selbst stellten, jetzt begann er, sie in ein Berufsheer umzuwandeln, das den besitzlosen Schichten (proletarii) neue Chancen eröffnete. Die Dienstzeit in den Legionen dauerte nun sechzehn Jahre, es gab Sold, die Ausrüstung wurde vom Staat gestellt, und am Ende hatte der Legionär als Veteran einen Versorgungsanspruch. Unter diesen Bedingungen strömten Marius die Freiwilligen aus den Unterschichten nur so zu, was auch nötig war, um die horrenden Verluste der verlorenen Schlachten auszugleichen. Ein hartes Trainingsprogramm sorgte für eine gute Kampfausbildung der Truppe. Das Marschgepäck, streng normiert, wurde zur Verringerung des Trosses und zur Verbesserung der Marschgeschwindigkeit auf Holzgestellen von den Soldaten selbst getragen, was ihnen den Spitznamen der »marianischen Maulesel« eintrug. Um im Kampf beweglicher zu werden, modernisierte Marius die Taktik. Fortan war die Kohorte mit sechshundert Mann, deren zehn eine Legion bildeten, die selbständige bewegliche Einheit auf dem Gefechtsfeld. Damit das neue Konzept funktionierte, waren drei Dinge notwendig: Drill, Übungen und Disziplin. Je mehr die Schwenks und Formationen gelangen, je sicherer er im Gebrauch der Waffen wurde, je mehr ihm sein Körper auch bei den anstrengendsten Märschen gehorchte, umso mehr wuchs das Selbstbewusstsein des Legionärs. Das Symbol dieses Umbruchs, das die römische Legion zum Nonplusultra der Kriegskunst der Antike erhob, wurde ihr Feldzeichen: der silberne Adler.

Da sowohl die Kimbern als auch die Teutonen und die Ambronen mit ihren Versuchen gescheitert waren, sich in den Randzonen der keltischen Welt anzusiedeln, und die Römer sich gleichfalls geweigert hatten, ihnen Land in ihrer gallischen Provinz zuzuweisen, lag es nahe, nun einen Angriff auf Italien selbst zu unternehmen. Dafür sprachen die vielen Siege, die sie gegen die Legionen erstritten hatten. Also drangen sie in die römische Provinz ein, um sich von den Strapazen der Kriegszüge auszuruhen und zu beratschlagen, wie es weitergehen sollte. Nach Plutarch, unserer Hauptquelle, »beschlossen sie, sich nirgendwo auf der Welt anzusiedeln, bevor sie nicht Rom zerstört und Italien verwüstet hätten«.

Die Stämme teilten sich erneut. Die Teutonen und Ambronen sollten über die Westalpen nach Italien ziehen, Kimbern und Tiguriner von Norden her. Was als ein großangelegter strategischer Plan erscheint, dürfte eher auf die »Verpflegungsschwierigkeiten der wandernden Stämme« zurückzuführen sein. Um die Teutonen und Ambronen

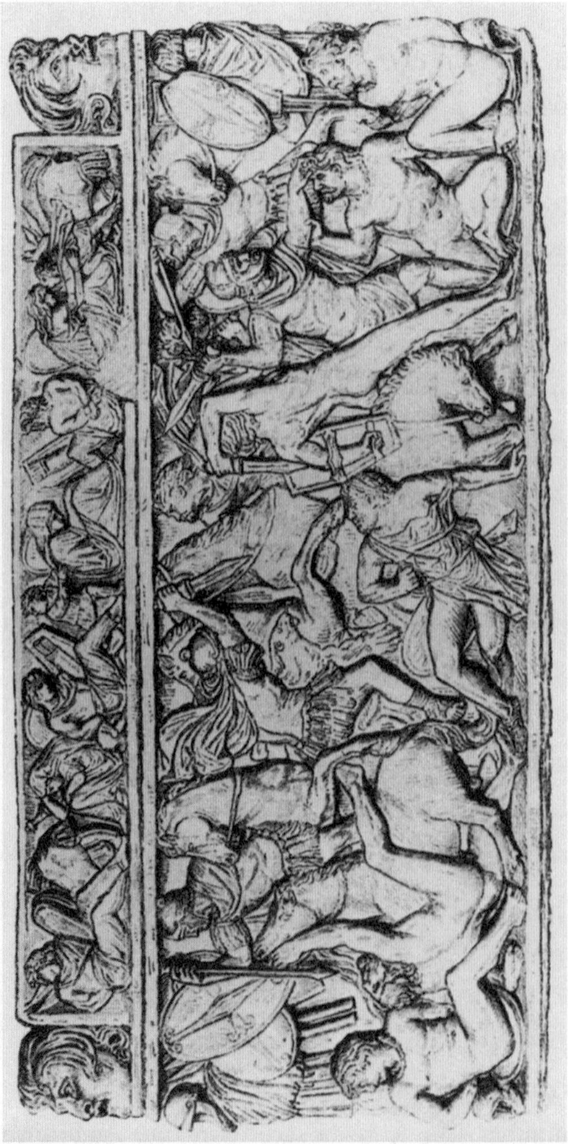

Kimbernschlacht als Reliefmotiv auf einem römischen Sarkophag

schon an der Rhone abzufangen, überquerte Marius den Kleinen St. Bernhard und bezog ein befestigtes Lager an der Isèremündung. Damit waren die Pässe nach Oberitalien erst einmal blockiert. Die Marius von König Teutobod angebotene Schlacht lehnte er ab, da er seine hervorragende Verteidigungsstellung nicht aufgeben wollte. Wie von ihm erwartet, scheiterte der Sturm der Teutonen auf das Lager der in ihren Augen »feige« hinter ihren Wällen verschanzten Römer unter großen Verlusten. Wäre es nach dem Willen der Legionäre gegangen, die sich aufgrund ihrer Waffenausbildung und ihres Trainings den Germanen überlegen fühlten, wäre die Schlacht schon jetzt geschlagen worden. Aber Marius wollte den Ort der Schlacht selbst bestimmen und stellte die Geduld seiner Soldaten auf eine weitere harte Probe. Sechs Tage lang sollen die abziehenden Teutonen und Ambronen am römischen Lager vorbeimarschiert sein. »Hierbei kamen sie dicht heran und fragten lachend die Römer, ob sie etwas an ihre Frauen auszurichten hätten, denn sie selbst würden bald bei diesen sein.« Der gewaltige Treck schlug den Weg nach Süden ein, um auf der ligurischen Küstenstraße nach Italien zu gelangen. Marius folgte in geringem Abstand und stellte sich bei Aqua Sextiae (Aix-en-Provence) zur Schlacht. Man schrieb das Jahr 102 v. Chr., als das reorganisierte römische Heer die Teutonen und Ambronen nicht schlug, sondern vernichtete. 100 000 Teutonen, einschließlich Frauen und Kinder, sollen getötet oder gefangen genommen worden sein, darunter König Teutobod. Die Zahl der germanischen Krieger wird auf höchstens 25 000 bis 30 000 geschätzt. Damit waren sie den sechs Legionen des Marius eindeutig unterlegen.

Während sich die Teutonen und Ambronen aus Kriegern in Tote und Sklaven verwandelten, marschierten Kimbern und Tiguriner gen Norden und entlang der Alpen nach Osten. Da Marius' Amtskollege, der Konsul Quintus Lutatius Catulus, nicht wusste, wo genau sie die Alpen überqueren würden, bezog er bei Tridentum (Trient) eine Auffangstellung, dergestalt, dass er die Hauptmasse seines Heeres auf dem linken Etschufer positionierte und das rechte durch einen Brückenkopf sicherte. Beide Teile des Heeres verband er mit einer Brücke. Die Marschroute der Kimbern lässt sich leicht rekonstruieren. Zum einen hatten sie in den helvetischen Tigurinern wegkundige Begleiter, zum anderen verlangten ihre Planwagen und ihr Vieh nach einem fahrbaren Weg, der auch im Winter einigermaßen gangbar sein musste. So kommen nur die beiden niedrigsten Alpenpässe in Frage: Brenner oder Reschen. Da sie von Westen anmarschierten, stießen sie zunächst auf den Reschen. Zum Brenner weiterzuziehen, der in dieser Zeit auch über den Ritten nur einen Saumpfad zu bieten hatte und im Übrigen durch die Eisackschlucht unpassierbar war, hätte keinen Sinn gemacht.

Der Reschen bot sogar noch den Vorteil, dass sie jenseits des Passes keinen Fluss überqueren mussten, sondern rechts der Etsch vorstoßen konnten. Eben auf diesem Ufer blieben sie beim Zusammenfluss von Etsch und Eisack. Dies war der Grund, warum das Kimbernheer auf den Brückenkopf der Römer stieß.

Der Marsch über die winterlichen Alpen flößte den Kimbern keine Angst ein, sondern machte ihnen offenbar regelrecht Spaß: »Mit nacktem Oberkörper liefen sie beim Schneefall umher, stiegen durch Eis und tiefen Schnee auf die Berge, setzten sich oben auf ihre breiten Schilde, stießen sich ab und sausten an Steilschluchten und schroffen Felsen vorbei die Hänge hinunter.« Auf die gleiche spielerische Weise verfuhren sie mit Brücke und Brückenkopf. Zum Schrecken der Legionäre ersetzten sie die römische Ingenieurleistung durch schiere Kraft: »Sie rissen wie die Giganten ringsum die Hügel auf, trugen Bäume mitsamt den Wurzeln und Felsbrocken sowie Erdmassen in den Fluss.« Die mächtigen Stämme krachten gegen die Pfeiler, der Brückenkopf wurde von den Kimbern erobert, und Catulus konnte froh sein, dass dem römischen Heer ein halbwegs geordneter Rückzug auf die Po-Linie gelang.

In der Zwischenzeit hatte Marius sein Heer nach Oberitalien geführt und vereinigte sich mit den Truppen des Catulus. Wieder traten die Kimbern in Verhandlungen und forderten für sich und ihre Brüder, womit sie die Teutonen meinten, Siedlungsland. Marius antwortete ihren Gesandten: »Lasst doch eure Brüder aus dem Spiel, denn die haben von uns schon Land erhalten und werden es für alle Zeiten haben.« Den beißenden Spott dieses Satzes begriffen die Kimbern erst, als ihnen die gefangenen Teutonenkönige gefesselt vorgeführt wurden. Die Entscheidungsschlacht, am 30. Juli 101 v. Chr. bei Vercellae geschlagen, hat Plutarch noch einmal so gestaltet, dass die Kimberngefahr in den Zahlen ihren Ausdruck fand. Den 52 000 Römern standen demnach 195 000 Kimbernkrieger gegenüber, davon allein 15 000 Reiter. Von diesen wurden 120 000 getötet, 60 000 gefangen genommen, König Boiorix fiel tapfer kämpfend. Die Tiguriner, die als Reserve vorgesehen waren, retteten sich »in unrühmlicher Flucht« und kamen so als Einzige wieder nach Hause. Wie bei Aqua Sextiae sind auch diese Angaben heillos übertrieben. Nicht die vierfache Zahl an Germanen stand den Römern gegenüber, vielmehr hatten diese in beiden Schlachten die numerische Überlegenheit.

Die Daheimgebliebenen werden vom Schicksal der Ausgezogenen gehört und die Erinnerung an sie und ihren großen Gegner Rom bewahrt haben. Anders ist es nicht zu erklären, wie sie im Jahre 5 n. Chr. beim Anblick der römischen Kriegsgaleeren, die den weiteren Verlauf der Nordseeküste erkunden sollten, reagierten. Sie schickten umgehend eine Gesandtschaft zum Kaiser Augustus, die um Verzeihung für die Taten ihrer Vorfahren bat und als Sühne das wertvollste Sakralgefäß ihres Stammes, einen Opferkessel, überreichte. Augustus maß dieser Flottenexpedition, die gleichsam die Verhältnisse umdrehte, indem sie die Kimbern in ihrem ureigensten Gebiet bedrohte, die größte Bedeutung bei. Hatte er doch damit gezeigt, dass der Angstgegner der Vergangenheit keine Gefahr mehr darstellte, ja sich in jemanden verwandelt hatte, der sich aus Überzeugung in die römische Welt einordnete. Voller Stolz schrieb er in seinem Tatenbericht: »Meine Flotte segelte von der Mündung des Rhein weg in östliche Gegenden bis zu den Ländern der Cimbern, wohin weder zu Lande noch zu Wasser irgendein Römer bis zu diesem Zeitpunkt je gelangt war. Die Cimbern … erbaten durch Gesandte meine und des römischen Volkes Freundschaft.«

V

Die Römer in den Alpen

»Ihr habt den ganzen Erdkreis vermessen, Flüsse überspannt mit Brücken verschiedener Art, Berge durchstochen, um Fahrwege anzulegen, in menschenleeren Gegenden Poststationen eingerichtet und überall eine kultivierte und geordnete Lebensweise eingeführt.«

Aelius Aristides, Romrede (101 n. Chr.)

Der Historiker Polybios (200–120 v. Chr.) und der Geograph Strabo (63 v. – 19 n. Chr.) bezeichneten die Alpen als Schutzwall Italiens. Obwohl die beiden Griechen die Berge aus eigener Anschauung kannten und die römischen Schriftsteller dieses Bild gern aufgriffen, glaubten die Römer ihnen nicht. Denn weder hatten sich die Kelten, die 387 v. Chr. Rom niederbrannten, von den Alpen abhalten lassen, noch stoppten sie Hannibals Armee 170 Jahre später. Selbst die Krieger der germanischen Kimbern, die den römischen Staat fast an den Rand der Niederlage brachten, hatten dieses Gebirge nach einem weiteren Jahrhundert mit Weibern, Kindern und Planwagen sogar im Winter mühelos überquert.

Ebendeshalb kümmerte sich Rom schon frühzeitig um die Kontrolle der Zugangswege, was immer auch bedeutete, Angreifer aus den Alpen schon vor dem Erreichen der oberitalienischen Tiefebene blockieren zu können. Im Norden eroberten sie 222 v. Chr. das rätische Comum (Como) und gewannen damit den Ausgangspunkt zu den Graubündner Pässen und zu den Mittelalpen. 181 v. Chr. gründeten sie im Osten der Adria die Kolonie Aquileia, fortan der Schlüssel für die Beherrschung des östlichen Alpenraums. Als dort ab Mitte des Jahrhunderts reiche Goldvorkommen in den Hohen Tauern bei den Tauriskern entdeckt wurden, gewann diese Region, die ohnehin schon für ihre ergiebigen Eisenerzlager bekannt war, für Rom noch mehr an Reiz.

Im Westen kam mit der Gallia Narbonensis, die sich entlang der heutigen französischen Küste bis zu den Pyrenäen erstreckte und die spanischen Gebiete mit Italien verband, eine weitere Eroberung in den Jahren 125–118 v. Chr. hinzu. Die Provinz reichte entlang des Rhonetals bis zum Genfer See und im Westen bis zum Zentralmassiv. Da die Händler und Reisenden auf der Küstenstraße und selbst durchziehendes Militär von den Anwohnern immer wieder belästigt wurden, projektierte der erfolgreiche Feldherr Gnaeus Domitius Ahenobarbus eine neue Route über die Alpen, die nach ihm benannte Via Domitia über den Mont Genèvre durch das Durance-Tal, die später von Pompeius zur Heerstraße ausgebaut wurde.

Nach den Kimbern- und Teutonenkriegen (s. das betreffende Kapitel) erwies sich die Kontrolle der nach Italien führenden Pässe immer mehr als absolute Notwendigkeit. So sahen es auch die Götter Roms, die durch die Sibyllinischen Bücher, in denen die Prophezeiungen des Gottes Apollo aufgezeichnet waren, die Anlage einer Kolonie im Gebiet der Salasser anordneten. 100 v. Chr. wurde Eporedia (Ivrea) gegründet und damit eine Stadt, die sowohl den Goldgruben der Salasser als auch den von ihnen kontrollierten Bernhardpässen gefährlich nahe kam.

Als Caesar 58 v. Chr. in Gallien eingriff, um die römische Provinz vor den keltischen Helvetiern zu schützen, die entschlossen waren, ihr Land zu verlassen, benutzte er die Heerstraße über den Mont Genèvre. Obwohl er mit fünf Legionen unterwegs war, versuchten drei Bergvölker, ihm den Weg zu verlegen, und griffen ihn an. Angesichts der Größe seines Heeres natürlich vergebens, doch selbst siegreiche Gefechte kosteten Zeit und waren lästig. Im gleichen Jahr schlug Caesar bei Bibracte (Autun) die Helvetier, drängte sie zurück in ihr heimatliches Bergland zwischen Schweizer Jura, Genfer und Bodensee und sorgte auf diese Weise dafür, dass die Bevölkerung der heutigen Schweiz nicht nur germanische, sondern auch keltische Wurzeln hat. Er erkannte die strategische Bedeutung der nach Oberitalien führenden Bernhardpässe und endsandte daher im Spätherbst 57 v. Chr. seinen Legaten Servius Sulpicius Galba mit der XII. Legion nach Octodurus (Martigny), »um den Weg durch die Alpen, den die Kaufleute bisher nur mit großer Gefahr und hohen Wegzöllen benutzen konnten, freizumachen«. Falls nötig sollte Galba hier überwintern, und wie bei den Römern üblich ließ er ein Lager mit Wall und Graben anlegen. Da das Erscheinen der Legion nach anfänglichem Widerstand einen Friedensvertrag und die Stellung von Geiseln durch die benachbarten Stämme bewirkt hatte, fühlte sich Galba so sicher, dass er mehrere Kohorten aus dem Lager abzog. Das wiederum gab den Stämmen den Mut, die geschwächten Römer von den umliegenden Bergen herab anzugreifen. Völlig zu Recht vermuteten sie, »die Römer wollten die Alpenhöhen nicht nur wegen des Durchzugs, sondern zu dauerndem Besitz erobern«. Trotz ihrer großen Übermacht endete der Kampf zwar mit einer verlustreichen Niederlage der Einheimischen, doch Galba musste sich aus dem Tal zurückziehen und die Kontrolle des Großen St. Bernhard aufgeben. Aber glückte der Zugriff auch nicht beim ersten Mal, war es doch Caesar, der die Voraussetzungen schuf, die Bergvölker erfolgreich anzugreifen. Im Norden gründete er die Kolonien Iulia Equestris (Nyon) am Genfer See und Augusta Raurica (Augst) am Rhein, ebenso eroberte er das rätische Tridentum (Trient/Trento) und damit die Pforte zum Etsch- und Eisacktal. Das 95/94 v. Chr. von den Rätern verwüstete Comum (Como) erneuerte er in den Jahren 59 oder 51 v. Chr. mit Hilfe von fünftausend neu angesiedelten Kolonisten.

Ab der Mitte des ersten vorchristlichen Jahrhunderts, verstärkt 40–20 v. Chr., nahm die Einflussnahme der Römer im Alpenraum kontinuierlich zu. Es ging ihnen um die Sicherung der Hauptrouten, nachdem ganz Gallien unterworfen worden war. Legionslager wurden angelegt, wie das zwölf Hektar große von Dangstetten am Oberrhein und später das von Vindonissa (Windisch). In Zürich und Basel entstanden römische Stützpunkte, die ihre Fortsetzung in den wahrscheinlich um 30 v. Chr. errichteten Steintürmen am Walensee fanden. Ihr Zweck war die Straßensicherung der Achse Como, Septimerpass, Zürich. Aber auch kulturell kam es zu Veränderungen. Immer mehr pflegten »die einheimischen Oberschichten einen Lebensstil nach mediterranem-römischem Vorbild«. Was sie aber nicht davon abhielt, weiterhin am Verkehr in den Alpen – ob er nun dem Handel diente oder militärischen Operationen geschuldet war – zu verdienen, wie das Beispiel des Decimus Brutus beweist, der im Juni 43 v. Chr. den Kleinen St. Bernhard überqueren wollte. Der an der Verschwörung gegen Caesar beteiligte Brutus wagte nicht den Kampf, obwohl er über sieben Legionen verfügte, sondern zahlte den Salassern einen Wegezoll von einem Denar pro Mann, was seine Kriegskasse erheblich reduzierte. Ebenfalls verdienten sie an dem Legaten Marcus Valerius Messalla Corvinus, als er bei ihnen überwinterte und sie ihm jeden Scheit Brennholz berechneten. Sogar auf die Kasse des ersten römischen Kaisers Augustus hatten sie es abgesehen und bewarfen ihn, wie Strabo berichtet, mit Felsblöcken. Als Entschuldigung brachten sie vor, sie wären mit Straßen- und Brückenbau beschäftigt gewesen und hätten ihn nicht bemerkt.

Die Situation in den Westalpen glich mehr und mehr einer Groteske. Auf der einen Seite stand Rom mit seinem überlegenen Herrschaftsanspruch, auf der anderen Seite die ihm militärisch und kulturell unterlegenen Alpenbewohner. Jede Überquerung eines Passes brachte Mautgebühren mit sich, jede Dienstleistung musste bezahlt werden, und die Verträge, die man mit diesen vielen Völkern schloss, wurden oft nicht eingehalten. Die Lage spitzte sich zu, als im Jahre 35 v. Chr. die Salasser ihre Steuern nicht ablieferten und sich mit anderen Alpenvölkern gegen die Römer erhoben. Plündernd und raubend fielen sie in die Grenzgebiete ein. 34 v. Chr. kämpfte der Legat Gaius Antistius Vetus gegen sie, aber erst neun Jahre später gelang dem römischen Feldherrn Aulus Terentius Varro Murena der endgültige Sieg. Mit der Gründung der Kolonie Augusta Praetoria (Aosta) mitten im Land der Salasser geriet der südliche Zugang zu den Westalpenpässen in römische Hände. Auch die Goldminen wechselten den Besitzer und wurden fortan von römischen Pächtern betrieben. Um den Widerstand der Salasser endgültig zu brechen, wurden 36 000 von ihnen, darunter 8000 Männer, in die Sklaverei verkauft unter der Bedingung, sie erst nach zwanzig Jahren freizulassen. Es ging auch anders, geschmeidiger. König Cottius, der das Tal von Susa kontrollierte und damit den Weg von Augusta Taurinorum (Turin) über die Pässe des Mont Cenis und Mont Genèvre nach Gallien, einigte sich friedlich mit den Römern. Seinen Königstitel verlor er zwar, aber dafür erhielt er den römischen eines »praefectus civitatium«. Als solcher regierte er weiterhin seine Stadt Segusio (Susa), und seine guten Beziehungen zu Rom unterstrich er mit einem eigens 9/8 v. Chr. erbauten Ehrenbogen für Augustus. Er steht noch heute.

Im Ostalpenraum wurden 35 v. Chr. die Karner besiegt, und 24 v. Chr. errichteten die Römer in Tridentum (Trient) eine Festung. Von hier aus unterwarf 16 v. Chr. der Konsul Publius Silius Nerva, der sich bereits im Gebirgskampf in Spanien bewährt hatte, die rätischen Camunni und besetzte die Täler zwischen Comer und Gardasee. Anschließend operierte er gegen die Noriker, die sich dann mehr oder weniger freiwillig dem römischen Imperium anschlossen. Damit waren nun auch die Goldminen und das berühmte norische Eisen, dazu die Ostalpenpässe und das ganze Land südlich der Donau, also das heutige Österreich, in römischen Händen. So blieb zwischen Noricum und Helvetien nur der rätisch-keltische Alpenraum übrig, der wie ein Keil zwischen die römischen Gebiete im Westen und Osten hineinragte. Das Siedlungsgebiet der verschiedenen Räter-Stämme umfasste die Zentralalpen, Südtirol, das Tessin und die Gebiete südlich und nördlich des Inntals. Dass Augustus die Räter deswegen angegriffen habe, weil er den rätischen Wein vor allen anderen Sorten schätzte, muss man ins Reich der Fabel verweisen. Das Geheimnis von dessen Geschmack bestand darin, dass die Winzer des Vinschgaus ihren Wein nicht in Amphoren aus Ton lagerten, wie üblicherweise, sondern in Holzfässern.

Wie Germanen ist auch das Wort Räter eine Fremdbezeichnung der Römer. Im Gegensatz zu den Kelten, bei denen die mündliche Überlieferung dominierte, waren die Räter schriftkundig. Sie hatten ihr Alphabet einst von den Etruskern übernommen, die wiederum hatten es von den Griechen. Da die rätische Sprache mit dem Etruskischen verwandt ist, schlossen die antiken Historiker auf den gleichen Ursprung: »Die alpinen Völker haben ohne Zweifel diese etruskische Herkunft, am meisten die Räter, welche die Gegend verwildert hat, so dass sie nichts aus der alten Zeit außer dem Klang der Sprache und auch diesen nicht unverdorben erhalten haben.« Auch der Naturforscher Plinius hielt die Räter für »Nachfahren der Etrusker«. Sie seien von den Galliern unter ihrem Anführer Raetus, womit dann ebenfalls der Stammesname erklärt war, aus Oberitalien vertrieben worden und hätten in den Alpen eine neue Heimat gefunden. Der Einfluss der Etrusker zeigte sich auch bei der Bewaffnung: Wer es sich leisten konnte, zog mit einer kompletten Rüstung in den Krieg, die aus Helm, Brustpanzer, Schienbeinschützer, Schild, Lanze, Schwert oder Axt bestand. Ihren Lebensunterhalt verdienten sie als Bauern, Krieger oder Kaufleute, ihre Häuser waren bequem und solide. Das untere Stockwerk war gemauert, das obere bestand aus Holz und Fachwerk. Holzböden oder eine Bohlentäfelung sorgten für eine gemütliche Atmosphäre.

Ähnlich wie die Germanen blieben aber die Räter nicht zu Hause, sondern versuchten, das Wohlstandsgefälle zu ihren gallischen und italischen Nachbarn einzuebnen. Die Überfälle und Plünderungen, die Misshandlungen von Römern und Bundesgenossen, die durch rätisches Gebiet reisten, konnte gerade der Mann nicht dulden, der die »Pax Romana« als sein Regierungsprogramm verkündet hatte: Augustus. Die räterfreundliche Archäologie interpretiert diese Aussagen der römischen Quellen als reine Propaganda und nimmt die reich ausgestatteten Männergräber als Beweis dafür, dass die Räter es nicht nötig hatten, ihre Nachbarn heimzusuchen. Dagegen gehen die Althistoriker von einem »kontinuierlichen Stören« aus, das die Römer schließlich zu einem militärischen Eingreifen provozierte. Eher ist eine Übertreibung dort zu vermuten, wo in den Quellen der Barbarentopos bemüht wird: »Die Räter töteten unter den Gefangenen alles, was männlichen Geschlechtes war, nicht nur, was bereits in die Welt getreten war, sondern auch, was als ungeborenes Leben sich in den Leibern der Frauen befand und durch Wahrsagen als männlich festgestellt wurde.«

Der eigentliche Auslöser des Alpenfeldzugs bildete jedoch ein Ereignis, das sich in den Ebenen Nordgalliens, im heutigen Belgien, abspielte. Krieger der germanischen Sugambrer setzten im Sommer 16 v. Chr. über den Rhein, der seit Caesars Zeiten die Grenze zwischen Gallien und Germanien bildete, um die reiche Provinz um Tafelgeschirr und andere Kostbarkeiten zu erleichtern. Dabei kam ihnen die V. Legion, kommandiert von Marcus Lollius, einem Vertrauten des Augustus, in die Quere. Die nichtsahnenden Römer wurden völlig überrascht, verloren die Schlacht, und sogar der silberne Adler, der als »Seele der Legion« religiöse Verehrung genoss, fiel zu ihrer Schande in die Hände der Feinde.

Augustus brach sofort nach Gallien auf und richtete in Lugdunum (Lyon) sein Hauptquartier ein. Elf Jahre war es her, dass ihn der Senat mit dem Augustus-Titel (der Erhabene) als »Retter des Staates« geehrt hatte. Das »Goldene Zeitalter«, das er nach der Beendigung der blutigen Bürgerkriege den Römern und den Provinzbewohnern versprochen hatte, duldete keine barbarischen Belästigungen. Sein Ruf und sein Ansehen standen auf dem Spiel, mehr noch seine Fähigkeit, für Recht und Gesetz zu sorgen, und damit die gesamte von ihm begründete politische Ordnung. Also handelte er, entschlossen und konsequent. Die sechs Legionen, die bisher im Inneren Galliens stationiert waren, verlegte er innerhalb von drei Jahren an den Rhein.

Gleichzeitig ordnete er die Besetzung des noch übrigen Alpenraums an. Neben der Befriedung der unruhigen Bergbewohner wurden nun die Pässe strategisch wichtig, bildeten sie doch die kürzesten Verbindungslinien zwischen Oberitalien, Gallien, Rhein und Donau. In seinem Rechenschaftsbericht formulierte er seine Pflicht, dort einzugreifen, wo die Pax Romana bedroht war: »Bei allen Provinzen des römischen Volkes, denen Völkerschaften benachbart waren, die unserem Spruche nicht gehorchten, habe ich die Grenzen erweitert.« In genau diesem Sinne fühlte er sich zum Schutz Oberitaliens und Galliens aufgerufen: »Die Alpen ließ ich von dem Gebiet, das der Adria benachbart ist, bis zum Tyrrhenischen Meer befrieden, wobei keiner Völkerschaft der Krieg unrechtmäßig erklärt wurde.«

Mit dem Alpenfeldzug wollte Augustus, der wie kein

anderer die Wirkung großer symbolischer Gesten einzuschätzen wusste, auch deutlich machen, dass seine Familie über talentierte Generäle verfügte, und zwar in Gestalt seiner Stiefsöhne Tiberius und Drusus. Der sechsundzwanzigjährige Tiberius Claudius Nero, so sein voller Name, hatte Augustus in den Jahren 26–25 v. Chr. als Militärtribun nach Spanien in den Kantabrerkrieg begleitet, betrat im Jahre 24 v. Chr. als Quästor die erste Stufe der Beamtenlaufbahn (cursus honorum) und konnte im Jahre 20 v. Chr. eine diplomatische Mission im Orient erfolgreich abschließen. Es gelang ihm nicht nur, den Armenierkönig Tigranes wieder einzusetzen, sondern er überzeugte den Partherkönig, die in der Schlacht bei Carrhae (53 v. Chr.) verlorenen römischen Feldzeichen zurückzugeben. Für diesen »Sieg« errichtete Augustus einen Triumphbogen und rühmte sich in seinem Tatenbericht: »Die Parther zwang ich, die Beute und die Feldzeichen dreier römischer Heere zurückzugeben und unterwürfig die Freundschaft des römischen Volkes zu erbitten.« Tiberius erhielt die ornamenta praetoria als Anerkennung. Als Augustus 16 v. Chr. nach Gallien aufbrach, bestand er darauf, dass Tiberius ihn begleitete, obwohl der, mittlerweile im Rang eines Prätors, dem Gesetz zufolge Rom gar nicht verlassen durfte. Doch bei den jetzt anstehenden Aufgaben wollte Augustus auf seinen fähigen Stiefsohn nicht verzichten.

Der vier Jahre jüngere Nero Claudius Drusus hatte, bis auf die Quästur, die er im Jahre 18 v. Chr. absolvierte, aufgrund seines Alters weniger vorzuweisen. Doch war er der Gunst des Augustus sicher, der ihn mit Antonia Minor, seiner Nichte, verheiratet hatte. Der Auftakt des Alpenfeldzugs war verheißungsvoll. 16 v. Chr. schlug Drusus eine Rätergruppe in den Tridentinischen Alpen, feierte danach seinen 23. Geburtstag und erhielt von Augustus die Ernennung zum Prätor anstelle seines Bruders als Geschenk und Anerkennung. Im gleichen Jahr errichteten römische Truppen auf der Passhöhe des Septimer (2340 m) zur Vorbereitung des Alpenfeldzugs das höchstgelegene Militärlager des Reiches. Die Soldaten, an Zahl ungefähr eine Kohorte, waren in Zelten untergebracht, deren Heringe sich erhalten haben.

Nach der Niederlage des Lollius war den jungen Generälen ein Sieg gleichsam vorgeschrieben. Der im Jahre 15 v. Chr. beginnende Alpenfeldzug sparte deshalb an nichts, eher war er überdimensioniert angesichts eines Gegners, der sich zu keiner koordinierten Verteidigung aufraffen konnte. Aufgeboten wurden mindestens vier Legionen, von denen die III., X. und XII. durch Funde von Schleuderbleien nachgewiesen sind. Von der XIX. haben sich Katapultpfeilspitzen erhalten. Spezielle Hilfstruppen für den Gebirgskrieg deckten alle Eventualitäten ab. Zum Einsatz kamen Katapulte,

Pfeilspitzenfunde aus Döttenbichl bei Oberammergau: Hinweise auf ein Opferritual geben die durch Aufbiegen des Dorns unbrauchbar gemachten Exemplare

Schleuderer und Bogenschützen. Mit leiser Ironie kommentierte der Althistoriker Theodor Mommsen den programmierten Erfolg der Brüder, denen die besten Unterführer zuarbeiteten: »Es waren sehr sichere und sehr dankbare Lorbeeren, die ihnen in Aussicht gestellt wurden.«

Drusus rückte von Tridentum (Trient) in den Vinschgau vor, passierte den Reschen und erreichte das Inntal. Ob er tatsächlich so heftige Kämpfe geführt hat, wie sie Horaz auf Veranlassung des Augustus rühmt, ist mehr als fraglich: »Mit deinem Heer besiegte Drusus wendige Breuner und die unversöhnlichen Genaunen, warf, die so furchtbar die Alpen krönten, die Burgen nieder: reichste Vergeltung war's!« Dann marschierte er über den Seefelder Sattel in die Gegend des heutigen Oberammergau. Tiberius hingegen griff von Westen her die keltischen Vindeliker und Räter an, weil, wie Cassius Dio schreibt, »die Feinde zwar von Italien abgedrängt waren, jedoch noch immer Gallien heimsuchten«. Sein Marsch ging durch die Burgundische Pforte und die Nordschweiz bis an den Bodensee, wo er in einer Seeschlacht die Vindeliker besiegte und nebenbei noch die Quelle der Donau entdeckte. »Dann traf der ältre Nero (Tiberius, Anm. d. Verf.) in heißem Tanz die Räter mit ihren Riesenleibern, schlug sie in Flucht unter Siegeszeichen.« Wo dieser allein von Horaz beschriebene Tanz (grave proelium) stattfand, ist einigermaßen strittig. Es gibt nur einen einzigen gesicherten archäologischen Hinweis auf kriegerische Auseinandersetzungen: der Döttenbichl bei Oberammergau, ein rätischer Opferplatz voller römischer Angriffswaffen. Über vierhundert dreiflügelige Pfeilspitzen hat man ausgegraben, die höchstwahrscheinlich von den geschlagenen Rätern geopfert worden sind. Durchaus möglich, dass die beiden von Drusus und Tiberius geführten Heeresteile unweit dieses Ortes sich vereinigt und hier die letzte entscheidende Schlacht geschlagen haben. Das hierfür genannte Datum des 1. August 15 v. Chr., auf den Tag genau fünfzehn Jahre nachdem Augustus Alexandria eingenommen hatte, dürfte eher der poetischen Freiheit des Horaz als der Realität geschuldet sein. Neben den von Tiberius und Drusus befehligten Hauptkolonnen waren noch andere Truppenteile an der Eroberung des Alpenraums beteiligt. »Von vielen Seiten her zugleich« seien die Römer »in das Land eingedrungen«, heißt es bei Cassius Dio. So in das Wallis und in das Engadin und über den Septimer in den Bereich der heutigen Zentralschweiz. Der flächendeckende Angriff drängte die Einwohner ins Gebirge und schnitt sie von den Talebenen ab, bis sie der Hunger zur Aufgabe trieb.

In der Heeresgruppe des Tiberius befand sich auch die XIX., in Dangstetten stationierte Legion, die 9 n. Chr. in der Varusschlacht unterging. Sie wurde schon damals kommandiert von Publius Quinctilius Varus, wie die Neulesung einer Bleischeibe, die als Gepäckanhänger fungierte, ergeben hat. Damit ist der Mythos vom unmilitärischen Statthalter Germaniens, der ohne Kenntnis von Land und Leuten an den Rhein geschickt wurde, ein für alle Mal widerlegt. Eher zeichnet sich eine klassische Karriere ab, in deren Verlauf dem beim Alpenfeldzug 32 Jahre alten Varus immer größere Verantwortung übertragen wurde. Dass er seine Sache schon damals gut gemacht hat, zeigt das gemeinsame Konsulat mit Tiberius im Jahre 13 v. Chr., das für beide eine Auszeichnung darstellte. Auch mit Drusus war Augustus hochzufrieden. Als er aus Gallien nach Rom zurückkehrte, ernannte er ihn zum Statthalter der drei gallischen Provinzen, wenig später zum Feldherrn in Germanien.

Um von vornherein Aufständen vorzubeugen, wurde ein großer Teil der jungen Männer in die Hilfstruppen gepresst. So finden wir im ersten Jahrhundert nach Christus Vindeliker- und Räterkohorten in allen Teilen des Reiches. 16 n. Chr. kämpften in der Schlacht von Idistaviso, die Germanicus gegen Arminius schlug, Räter- und Vindelikerkohorten unter dessem Befehl. Die Provinz Raetia wurde von Tiberius nach dem Alpenfeldzug eingerichtet. Sie umfasste zirka 80 000 Quadratkilometer und erstreckte sich über Graubünden, Vorarlberg, Tirol, große Bereiche der Zentralalpen und das Alpenvorland südlich der Donau vom Bodensee bis zum Inn. Die erste Hauptstadt wurde Cambodunum

(Kempten), dann das von den Römern angelegte Augusta Vindelicum (Augsburg).

In Anerkennung seiner Leistung, »weil unter seiner Führung und seiner Leitung alle Alpenvölker, die sich vom Oberen bis zum Unteren Meer ausbreiteten, unter die Herrschaft des römischen Volkes gebracht worden sind«, stifteten Senat und Volk von Rom ein fünfzig Meter hohes Monument des Sieges, das Tropaeum Alpium bei La Turbie im heutigen Monaco, dort, wo die Küstenstraße, die Via Iulia Augusta, Italien verlässt. Erbaut in den Jahren 7/6 v. Chr., waren in einer Inschrift 46 besiegte Stämme aufgeführt. Da es auf dem 512 Meter hohen Col d'Éze errichtet wurde, war es vom Meer aus schon von weitem zu sehen. Den Steinraub des Mittelalters hat es überlebt, weil es bis ins 18. Jahrhundert als Festung genutzt wurde.

Nach dem Alpenfeldzug setzte die Romanisierung ein. Die großen Alpenübergänge wurden straßentechnisch erschlossen und ein dichtes Verkehrsnetz geknüpft, das Handel und Transport förderte und den Alpenraum an die Geldwirtschaft des Imperiums anschloss. Mehr als 39 Städte wurden gegründet, noch heute erkennbar an ihren schachbrettartig angelegten rechtwinkligen Straßenrastern. Sie enthielten alles, was eine römische Stadt attraktiv machte: ein repräsentatives Forum mit einer Basilika, in der Recht gesprochen wurde und der städtische Magistrat seine Sitzungen abhielt, beheizte Bäder (Thermen), in denen man sich nach getaner Arbeit erholte und säuberte, ein Theater für Komödien und Tragödien, ein Amphitheater für die gröberen Belustigungen, seien es Gladiatorenkämpfe oder Tierhetzen, dazu traten die Tempel für den Reichskult und lokale Gottheiten. Es gab Märkte und eine ordentliche Wasserversorgung, eine Kanalisation und gepflasterte Straßen, und wenn es die Provinzhauptstadt war, kam noch ein Statthalterpalast hinzu. Die von den Römern eingeführte lateinische Schrift setzte sich im Alltag mehr und mehr als praktisches Kommunikationsmittel durch.

Der Handel in und aus den Alpen erlebte einen mächtigen Aufschwung. Aus dem Süden kamen Olivenöl, Wein, Gewürze, bronzenes und silbernes Tafelgeschirr, Terra Sigillata und Glasgefäße. Im Austausch dafür lieferten die Alpen Erze, Gold und Silber, Bergkristall, Salz, Honig und Holz. Hier produzierte man mit dem Ferrum Noricum den besten Stahl der Antike, exportierte den rätischen Wein und Käse bis in die Metropolen des Südens und Westens. Die Landwirtschaft profitierte von neuen Pflanzen. Die Esskastanie wurde am Alpensüdrand heimisch, der Wein nun auch in den inneralpinen Tälern kultiviert. Dagegen hatten die Bergbauern durch jahrtausendealte Erfahrung längst selbst herausgefunden, welche Getreidesorten sich für den Anbau im Winter (Roggen) und im Sommer (Weizen) eigneten.

Doch entscheidend für all diese Veränderungen waren die Straßen. »Der Kaiser Augustus nämlich fügte zu der Vernichtung jener Räuber auch, soweit es möglich war, die Herstellung von Straßen hinzu.« – »Die führenden Übergänge über das Gebirge, die früher selten und kaum passierbar waren, sind jetzt an vielen Stellen vorhanden und ... soweit es durch Herrichtung möglich ist, leicht gangbar.« Während der griechische Historiker Polybios um die Mitte des zweiten Jahrhunderts v. Chr. nur vier Pässe durch die Alpen zu benennen wusste, brachten es die Römer auf vierzehn Hauptstrecken, denen noch zahlreiche Nebenstrecken beigeordnet waren. Dabei war es nicht ihr Ehrgeiz, völlig neue Straßen zu bauen. Wenn möglich benutzten sie alte vorrömische Trassen, die sie dann entsprechend erweiterten und neu anlegten.

So war die hart am Meer verlaufende ligurische Küstenstraße entlang der Seealpen von Genua bis Aqua Sextiae (Aix-en-Provence) schon vor den Römern in Gebrauch. Aber die neue Via Iulia Augusta, auf Geheiß des Augustus 12 v. Chr. zur Heerstraße ausgebaut, war natürlich breiter und bequemer zu nutzen. Gleiches gilt für die alte Via Domitia über den 1860 Meter hohen Mont Genèvre, von den Römern Mons Matronae genannt. Auch bei dieser Straße, die Augusta Taurinorum (Turin) über das Tal von Segusio (Susa) und jenes der Durance mit Brigantio (Briançon) und Narbo (Narbonne) verband, sorgte Augustus für ihren Ausbau, so dass sie durchgängig mit Fuhrwerken befahrbar war. Ebenso verhielt es sich mit dem Kleinen St. Bernhard (2188 m), der wegen seiner Benutzbarkeit für Wagen zur wichtigsten Verbindung von Oberitalien nach Gallien avancierte (Aosta – Isèretal – Lyon). Dagegen war der Weg über den Großen St. Bernhard, der Mons Poeninus der Römer, mit seiner Passhöhe von 2469 Metern nach Strabo für Fuhrwerke nicht geeignet. Augustus hatte nördlich und südlich des Passes die Fahrstraße so weit wie möglich ausbauen lassen, aber an deren Ende wartete auf den Reisenden ein Saumpfad, der in fünf Stunden über die Passhöhe führte. Diese Verbindung von Aosta nach Martigny im Wallis und damit zum Genfer See und in die westliche Schweiz war allerdings so wichtig, dass Kaiser Claudius (41–54) sie umgehend erneuerte. Von vornherein als Saumpfad für den Handel konzipiert war die Route über den Splügen (2113 m), der zwar die kürzeste Verbindung von Como nach Chiavenna und Chur darstellte, in der Via-Mala-Schlucht jedoch durch eine Halbgalerie führte, die nur eine Breite von einem Meter aufwies. Als Alternative konnte man den Malojapass (1815 m) und den sich anschließenden Julier (2284 m) wählen, oder man nahm gleich den von einem Militärlager (s. o.) bis 20 n. Chr. geschützten Septimer (2310 m).

Die wichtigste Alpentransversale in augusteischer Zeit

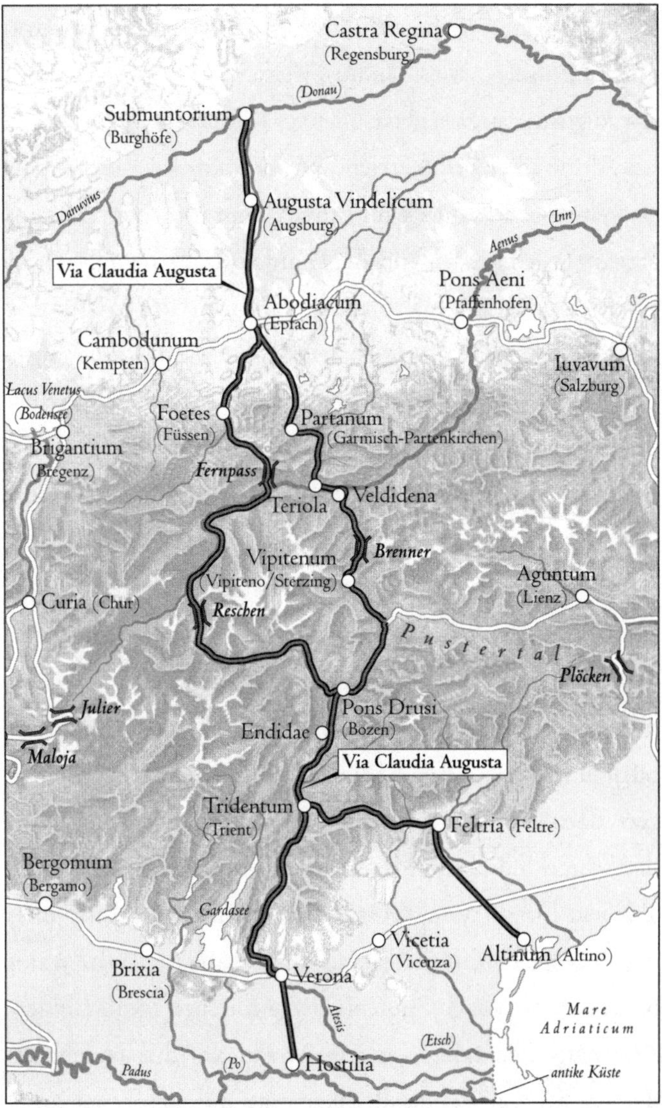

Verlauf der Via Claudia Augusta in Nordtirol

stellt allerdings die bereits unter Drusus angelegte und von seinem Sohn, Kaiser Claudius, weiter ausgebaute Via Claudia Augusta dar. Sie führte über 518 Kilometer von der Adria bei Altino über Feltre, Trient, Meran und den Reschenpass (1504 m) nach Landeck im Inntal, dann über den Fernpass (1216 m) nach Füssen und Augsburg und endete in Burghöfe an der Donau. Sie folgte alten, prähistorischen Wegen und hatte zwei entscheidende Vorteile: Zum einen war sie wegen der niedrigen Passhöhen normalerweise auch im Winter benutzbar, zum anderen, wegen der verhältnismäßig moderaten Steigungen, die einzige für Fuhrwerke ausgelegte Straße durch Tirol.

Der Brenner hingegen, der mit seiner Höhe von 1375 Metern der niedrigste Pass des Alpenhauptkamms ist, spielte in den ersten zwei Jahrhunderten römischer Herrschaft nur eine Nebenrolle. Die aus dem Inntal steil aufsteigende Sillschlucht, noch mehr die tiefe Eisackschlucht vor Bozen, dazu die sumpfige Passhöhe inmitten dichter Urwälder schreckten ab und ließen Drusus nur einen Saumpfad anlegen. Der Handelsverkehr lief wie im Mittelalter über den Ritten, von Rentsch bei Bozen bis Kastelruth/Waidbruck, wo sich auch Spuren einer römischen Straße finden. Alternativ benutzte man von Meran aus den Jaufenpass, der bei Sterzing in die Brennerroute mündete. Erst unter Septimius Severus (193–211) wurde eine Heerstraße durch die Eisackschlucht angelegt, um auf die Markomannen und die sich auf die Donau zu bewegenden Alamannen schneller reagieren zu können. Im Jahre 195 begonnen, dauerte es zwanzig Jahre, bis sie fertig wurde. Nach dem Ausbau der Brennerstraße verlor die Via Claudia Augusta an Bedeutung. Das Itinerarium Antonini, das aus der Zeit Diokletians (284–305) stammt und auf Caracalla (211–217) zurückgeht, nennt siebzehn Hauptstrecken des römischen Reiches. Die Via Claudia Augusta ist nicht mehr aufgeführt, dafür die Brennerroute als große Heerstraße. Ebenfalls nicht mehr erwähnt ist sie auf der Tabula Peutingeriana, der mittelalterlichen Kopie (12./13. Jh.) einer antiken Karte vom Atlantik bis Indien, auf der 550 Städte durch ein rotes Straßennetz miteinander verbunden sind.

In den Ostalpen stellte der Plöckenpass (1357 m) die Verbindung von Aquileia nach Aguntum (nahe Lienz) ins Tal der oberen Drau, später durchs Pustertal und zum Brenner dar. Die manchmal nur 1,5 Meter breite Straße war als Saumpfad ausgelegt, der ausschließlich Handelszwecken diente. Dagegen wurde die Pontebbastraße, die nach Virunum, dem Sitz des Statthalters von Noricum (Magdalensberg nördlich Klagenfurt), und weiter über das Hochtor (2576 m) nach Iuvavum (Salzburg) führte, als Heerstraße ausgebaut. Nach dem Ausbau des Brenners wurde auch das wichtige Aquileia mit einer nach Tridentum (Trient) führenden Heerstraße an diese kürzere Route angeschlossen. Ebenfalls mit einer von Septimius Severus erbauten Militärstraße wurde von Aquileia aus der Weg über die Radstädter Tauern (1738 m) via Klagenfurt nach Salzburg geöffnet. Über die Rottmanner Tauern gelangte man nach Wels (Ovilava) und Enns (Lauriacum). Die letztere Straße, die Strabo mit der ligurischen Küstenstraße vergleicht, weil sie wie diese das Gebirge weitgehend vermeide und ebenfalls fahrbar sei, führte von Aquileia über den Birnbaumer Wald (Alpes Iuliae) nach Laibach (Emona) und weiter nach Carnuntum an die Donau.

Die Leistung der Römer, binnen weniger Jahrzehnte den Alpenraum mit einem Netz von Straßen zu überziehen, machte aus einer Region unruhiger Stämme eine Transitzone, von der alle profitierten. Technisch hatten die römischen Straßenbauer bei allen Problemen immer eine Lösung. In sumpfigen Gebieten, etwa im Lermooser Becken, errichteten sie eine Dammstraße. Um Schäden wegen Überflutungen zu vermeiden, legten sie die Trassen meist in mittlerer Hanglage an, da die Talböden wegen der Flüsse zu unsicher waren. Die Alpenstraßen maßen in der Breite etwa sieben bis neun Meter, konnten bei starken Steigungen aber auf 1,5 Meter schrumpfen, wenn zehn Zentimeter tiefe Geleise in den Fels eingearbeitet werden mussten. Die Spurbreite betrug dann ungefähr 1,10 Meter. Am Rand des

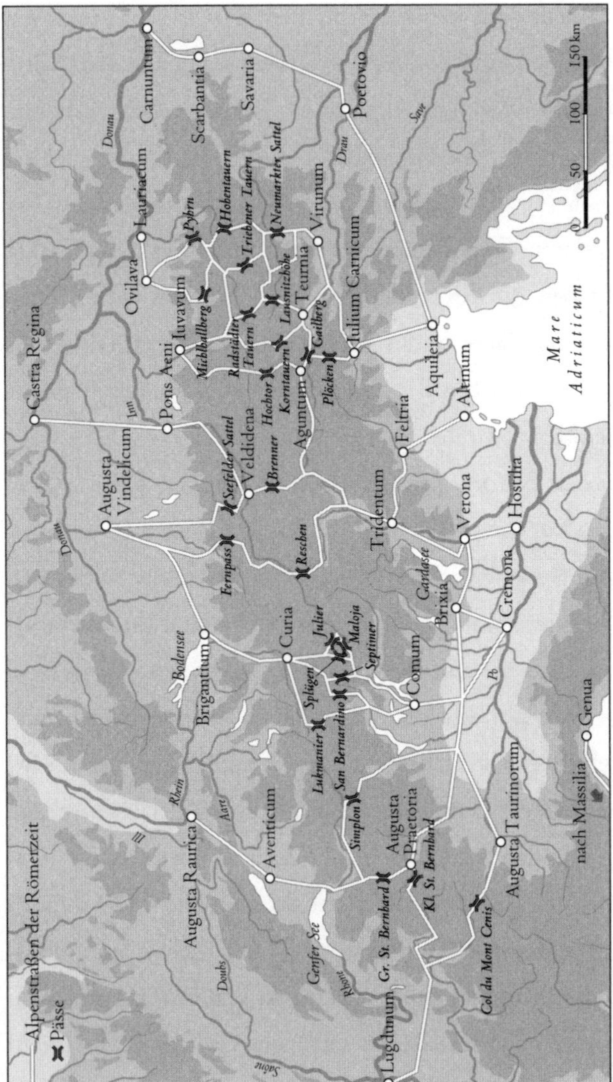

Gut vernetzt: Die wichtigsten Alpenstraßen der Römerzeit mit den dazu gehörenden Pässen

Fundaments, das aus drei Schichten bestand und in den Alpen mit einem Schotterbelag abschloss, der in der Mitte leicht aufgewölbt war, um das Wasser abfließen zu lassen, hielten Ankersteine die Straße in der Form. Straßenpflaster existierte nur in den Städten. Zwei Meter hohe Meilensteine, in regelmäßigen Abständen gesetzt, rühmten den Erbauer und gaben die Entfernungen an. Alle zwanzig bis fünfundzwanzig Jahre waren Ausbesserungsarbeiten fällig. Die Kosten wurden von der Staatskasse und den angrenzenden Gemeinden (civitates) getragen.

Alle 25 Meilen (37 km), bei schwierigen Wegstrecken auch in kürzerem Abstand, wartete ein Rasthaus (mansio) auf die Reisenden. War es luxuriös, gab es ein heißes Bad und beheizte Räume. Auf einer Wechselstation (mutatio) konnte man die erschöpften Pferde durch frische ersetzen. Vorgesehen war dieses cursus publicus genannte System ausschließlich für Staatsbeamte, Kuriere und später auch für Bischöfe. Seine Benutzung war nur mit einem Erlaubnisschein, ausgestellt durch die kaiserliche Kanzlei (praefectura vehiculorum) oder durch einen Statthalter, möglich. Missbrauch wurde bestraft, dennoch häuften sich Fälschungen. Stationen lagen auf allen Passhöhen, meist kombiniert mit einem Tempel. Auf dem Kleinen und dem Großen St. Bernhard verehrte man Jupiter Optimus Poeninus, auf dem Mont Genèvre (Mons Matronae) seine Gattin Juno. Dass alle drei

Tempel noch im elften Jahrhundert als Ruinen existierten, wirft ein bezeichnendes Licht auf die Händler und Krieger, die diese Pässe überquerten. Nachgewiesen sind solche Heiligtümer auch auf dem Julier, dem Hochtor und dem Splügen. Denn zum Reisen gehörte der Dank an die Götter, seien es nun Jupiter, Herkules, Merkur, Epona oder Fortuna, den man vorher oder nachher, vorzugsweise mit der Opferung bronzener Votivtafeln, ableistete.

Indem Augustus die Alpen eroberte und öffnete, lud er ungewollt auch jeden Eindringling nach Italien ein, was dann im dritten nachchristlichen Jahrhundert bittere Realität wurde, als die germanischen Alamannen auf den römischen Straßen bis zum Gardasee und weiter nach Piacenza und Pavia vordrangen. Aber gleichzeitig begriff er, dass die Alpen kein Bollwerk Italiens waren, selbst dann nicht, wenn er sie befestigte. Die Alpen und damit den Zugang zum römischen Kernland Italien schützte allein die Vorwärtsverteidigung. Das war einer der Gründe, weshalb Augustus die Legionen und die römische Flotte an den Flussgrenzen von Rhein und Donau stationierte.

VI

Spätantike und Völkerwanderung

»Gefährlich ist's den Leu zu wecken,
verderblich ist des Tigers Zahn,
doch der Schrecklichste der Schrecken,
das ist der Mensch in seinem Wahn.«

Schiller, Das Lied von der Glocke

Zweihundert Jahre blieb es friedlich im Alpenraum. Die Legionen und Hilfstruppen an Rhein und Donau, später der obergermanisch-rätische Limes schützten die Bewohner. Die Romanisierung machte Fortschritte, führte in Teilen der West- und Ostalpen zur Übernahme des römischen Hausbaus, der Götterverehrung, der mediterranen Ess- und Trinksitten. Mosaiken schmückten die Böden, und wie in Italien gab es kunstvolle Skulpturen und Statuen in den Innenräumen. War der rechtliche Status der Unterworfenen anfangs nur mit peregrinus umschrieben, ein Fremder mit eingeschränkten bürgerlichen Rechten, zeigen die Friedhöfe, dass die keltischen und rätischen Namen bald lateinischen wichen, wenn das begehrte römische Bürgerrecht verliehen worden war. Eingewanderte Italiker vermischten sich mit den Einheimischen, die, wo es ihnen sinnvoll erschien, ihre Traditionen, ob Tracht, Keramik oder in Rätien selbst ihre Brandopferplätze, beibehielten. Die Eliten erhielten, wie überall im Römischen Reich, Zugang zu den Ämtern und Karrieren in Verwaltung und Militär und passten sich mühelos den neuen Verhältnissen an. Vor allem aber veränderten sich die Sprachen. Im gesamten Alpenraum wurden die keltischen und rätischen Idiome durch das Lateinische als Schriftsprache und dialektal gebrochen auch als gesprochene Sprache ersetzt. Reste haben sich bis heute erhalten. Etwa das Ladinische, das in den fünf Dolomitentälern Gader, Gröden, Fossa, Buchenstein und Ampezzo noch immer von 35 000 Menschen gesprochen wird, oder das in Graubünden von noch 50 000 Schweizer Bürgern (0,8 Prozent der Bevölkerung) gesprochene Rätoromanisch. Die größte Gruppe dieses alten Volkslateins bildet das Furlan in Friaul im nordöstlichen Italien, das 600 000 Sprecher zählt. Am Ende dieser von Wohlstand und Frieden geprägten Epoche lebten zwei Millionen Menschen in den Alpen. Mehr als jemals zuvor.

Das Chaos in den Ostalpen begann in den Jahren 165/166 mit einer Seuche, wahrscheinlich einer Pockenepidemie, die römische Truppen aus dem Orient nach Europa einschleppten. Sie wütete in den Alpen und in den Garnisonen am Donaulimes und verursachte im Militär und bei der Zivilbevölkerung große Verluste. Die Todesquote betrug dreißig Prozent. Die Situation verschärfte sich, als die nördlich der Donau siedelnden germanischen Stämme der Markomannen und Quaden unter Androhung von Krieg Siedlungsland im Imperium verlangten. Kaiser Mark Aurel (161–180) lehnte ob ihrer schieren Masse ab und musste fortan seine philosophischen Studien, die ihm den Beinamen des Philosophenkaisers eintrugen, an den Lagerfeuern seiner Soldaten fortsetzen. Das hinderte ihn nicht daran, sich einen Bart stehenzulassen, wie es bei den Athener Philosophen üblich war, und seine »Selbstbetrachtungen« zu schreiben, die ihm mehr Ruhm eintrugen als seine Kriege.

Der Krieg begann im Jahre 170 mit einer schweren Niederlage der Römer. 20 000 Gefallene bedeckten nach dem Chronisten Lukian das Schlachtfeld. Eine vermeidbare Katastrophe, denn man hatte dem Orakelspruch eines falschen Propheten geglaubt. Der weissagte, dass man der Göttin Kybele, einer orientalischen Fruchtbarkeitsgöttin, die auch als »Große Mutter« verehrt wurde und deren Priester sich freiwillig kastrierten, zwei lebendige Löwen opfern müsse, und schon gewähre sie Sieg und Frieden. Man warf also die Löwen in die Donau, sie durchquerten den Fluss, aber statt die Gegner in Panik zu versetzen, wurden sie von den Barbaren mit Knüppeln totgeschlagen, als sie das andere Ufer erreichten. Der verlorenen Schlacht folgte ein Einfall der Markomannen über die Julischen Alpen bis vor die Tore der an der Adria liegenden Festung Aquileia. Da es ihnen nicht gelang, die Stadt einzunehmen, begnügten sie sich mit einem Überfall auf Uderzo und der Brandschatzung der östlichen Alpentäler. Im darauffolgenden Jahr 171 wurden die Markomannen beim Rückzug über die Donau abgefangen und büßten einen Großteil ihres Beutegutes ein. Aber entscheidend und beunruhigend für die Bewohner Noricums und Italiens war, dass es 270 Jahre nach den Kimbern- und Teutonenkriegen wieder einem germanischen Stamm gelungen war, ins Kernland des Reiches durchzubrechen.

Mark Aurel traf die notwendigen Entscheidungen ohne Zögern. Um die Gefahr einer Wiederholung zu bannen, sorgte er für die Einrichtung einer Militärzone, der »Praetentura Italiae et Alpium«, und befahl die Aufstellung zweier neuer Legionen aus seinem Privatvermögen. Die II. Legio Italica wurde in Castra Regina (Regensburg) stationiert, die III. in Lauriacum (Lorch). In zwei großangelegten Offensiven in den Jahren 172–175 und 178–180 demonstrierte er die noch immer vorhandene Kraft des Imperiums zur Vorwärtsverteidigung. »Was die Quaden und Markomannen anlangte«, berichtet der Geschichtsschreiber Cassius Dio, »so erlaubten ihnen die zwanzigtausend in

Befestigungen mitten unter beiden Stämmen stationierten Soldaten nicht, ihre Herden zu weiden oder das Land zu bestellen oder sonst etwas in Ruhe zu betreiben.« Dios Vermutung, der Kaiser habe diese Gebiete okkupieren und in zwei neue Provinzen verwandeln wollen, hätte er nur länger gelebt – Mark Aurel starb am 17. März 180 in Vindobona (Wien) –, wird heute nicht mehr geteilt. Sein Nachfolger Commodus (180–192) schloss mit den Markomannen Frieden und zog die römischen Truppen über die Donau zurück.

Der Status quo war damit wiederhergestellt, doch zwei Grundprobleme der römischen Grenzverteidigung blieben ungelöst. Zum einen hatte es sich gezeigt, dass die lineare Limesverteidigung leicht durchbrochen werden konnte, da sie kein in die Tiefe gestaffeltes Verteidigungssystem darstellte. Der schnelle Vormarsch der Markomannen wurde durch die ausgezeichnet instand gehaltenen römischen Straßen mit ihren gutgefüllten Getreidespeichern (horrea), die natürlich für römische Truppen gedacht waren, erst möglich gemacht. Zum anderen begann das von den Römern durch geschickte Diplomatie aufgebaute Klientelsystem, sich im Vorfeld des Limes langsam aufzulösen. Die Stämme büßten ihre Schutzfunktion für die Reichsgrenze ein. Mit Hilfe eines gewaltigen Geschenke- und Warenstroms, der Keramikgefäße, die rotglänzende Terra Sigillata, Gewandspangen aus Bronze, Schmuck, Handspiegel, Glas und Silberbecher umfasste, hatten sich die Römer die unmittelbar angrenzenden Stämme zu Freunden und Verbündeten gemacht. Die reichen Beigaben im Königsgrab von Musov bei Brünn (Brno) demonstrieren den einmaligen Reichtum der germanischen Eliten im 2. Jahrhundert, der sogar den Bau von Fürstensitzen nach römischem Vorbild erlaubte. Vom Aufschwung des Handels profitierten alle Stammesangehörigen. Obwohl es verboten war, Waffen an die Barbaren zu liefern, was den Schmuggel begünstigte, zogen die germanischen Krieger die römischen Schwerter jeder germanischen Klinge vor. Wurde gar der »König« von Rom eingesetzt, bedeutete das für den Erwählten Legitimität, wie sie nur ein Kaiser bieten konnte, Stabilität in den Vertragsbeziehungen und im Notfall Unterstützung. Im Gegenzug lieferten die Stämme Dienstleistungen, seien es Soldaten für die Hilfstruppen oder saisonale Erntehelfer. Germanische Textilien waren in Rom ebenso beliebt wie blonde Perücken, Felle, Honig, die berühmte germanische Seife oder der gut abgehangene Schinken. Aber dieses in Jahrhunderten aufgebaute Verhältnis ging verloren, als sich die Stämme der zweiten Reihe in Großstämmen organisierten und mit Gewalt ihren Teil vom Reichtum des Imperiums einforderten.

Einer von diesen sich neu formierenden Stämmen waren die Alamannen. Sie bestanden aus einem elbgermanischen

Kern, der ergänzt wurde von allen Männern, die mit ihnen auf Plünderungszug ins Imperium ausziehen wollten. Diese Verbände von vielleicht zehntausend Kriegern scharten sich um einen charismatischen Heerkönig, dessen Ansehen von seinen Erfolgen abhing. Im dritten Jahrhundert nahmen sowohl die Auseinandersetzungen an der Ostgrenze des Römischen Reiches als auch die Usurpationen der sogenannten »Soldatenkaiser« zu. Wer über ein paar Legionen verfügte, wagte gegen andere Konkurrenten den Kampf um das Höchste, die Kaiserwürde. Als Kaiser Severus Alexander (222–235) für seinen orientalischen Feldzug Truppen vom Limes abzog, begriffen das die Alamannen als Einladung und fielen 233/234 plündernd in Gallien und Rätien ein. Gleiches passierte, als 253 wiederum Truppen vom Limes abgezogen wurden. Die Alamannen warfen sich auf Rätien, die Markomannen stießen bis nach Ravenna vor. Die Bevölkerung floh, starb oder wurde verschleppt.

Da man offenbar auf wenig Widerstand stieß, nahmen sich im Jahre 258 die Alamannen und die mit ihnen verbündeten germanischen Juthungen einiges mehr vor. Limeskastelle wurden eingenommen, und zum ersten Mal zog man erfolgreich gegen die Städte. Erobert und zerstört wurden Cambodunum (Kempten), Brigantium (Bregenz) und die Hauptstadt des Helvetierlandes Aventicum (Avenches). Über den Großen St. Bernhard rückte man in Oberitalien ein. Erst bei Mailand konnte sie Kaiser Gallienus (253–268) abfangen. Der obergermanisch-rätische Limes war nicht mehr zu halten. Die aufgegebenen Gebiete östlich des Rheins und nördlich der Donau überließ man den Alamannen. Die Hoffnung, sie würden sich mit einem Dasein als friedliche Ackerbauern zufriedengeben, zerschlug sich schnell. Schon 268 sind sie wieder am Gardasee, wo ihnen Kaiser Claudius II. (268–270) eine empfindliche Niederlage bereitet. Nichtsdestotrotz sind die Alamannen bereits 271 in Rätien und Oberitalien mit den Juthungen aktiv. Kaiser Aurelian (270–275) wird vom vereinigten Germanenheer bei Placentia (Piacenza) geschlagen und schlägt sie wiederum bei Ticinum (Pavia). Er hält die Bedrohung Roms für so hoch, dass er die Einwohner zum Bau einer achtzehn Meter hohen Mauer zwangsverpflichtet, in die 380 Türme und vierzehn Tore eingearbeitet werden. Sie wird nach neunjähriger Bauzeit 280 fertiggestellt und steht noch heute. Die Provinz Dacia (Siebenbürgen), unter Kaiser Trajan (98–117) erobert, wird geräumt. Am Ostende des Alpenbogens, in Noricum, wird 275 Aguntum (bei Lienz) von Alamannen geplündert. Erst unter Kaiser Probus (276–282) zeichnet sich eine Wende zum Besseren ab. Seine in den Jahren 277–278 geführten Feldzüge gegen Vandalen und Burgunder in Rätien sind genauso erfolgreich wie die gegen die Alamannen, die er über den Nicer (Neckar) hinweg

Die Tetrarchen: Sinnbild der Aufteilung römischer Regierungsmacht unter Kaiser Diokletian in ihrem Stammland heimsucht. Die alamannischen Fürsten müssen für die Grenztruppen 16 000 Kämpfer stellen. Eine Ehreninschrift aus Augusta Vindelicum (Augsburg) rühmt ihn 281 als Restitutor provinciarum (Wiederhersteller der Provinzen). Tatsächlich gelang es ihm, die Limesgrenze in Rätien und Germanien, also an Rhein und Donau, zu stabilisieren. Schon zu diesem Zeitpunkt ist die Tendenz zu bemerken, dass sich die Bevölkerung von den Hauptstraßen in die sicheren Seitentäler zurückzieht. Gerade die römischen Gutshöfe (Villen) des Schweizer Mittellands litten gewaltig unter den Plünderungen der Germanen. Am Ende lagen drei Viertel von ihnen als Folge der Alamanneneinfälle brach.

Eine wirkliche Konsolidierung des Reiches und seiner Grenzen erreichte erst Kaiser Diokletian (284–305). Allein schon seine lange Regierungsdauer sorgte dafür, dass die von ihm angestrebten Reformen wirklich durchgesetzt wurden. Diokletian schätzte die Lage realistisch ein. Überall versuchten die Feinde des Imperiums, an dessen Wohlstand teilzuhaben, und berannten die Grenzen. Die Aufgabe, sie abzuwehren, war zu viel für einen einzigen Mann. Also erfand Diokletian die Tetrarchie. Zwei Kaiser mit dem Titel Augustus sollten herrschen, einer im Osten und einer im Westen, mit jeweils einem Gehilfen (Caesar), der ihm zuarbeitete und im Falle seines Todes sein Nachfolger sein würde. So war – theoretisch – von vornherein ausgeschlossen, dass es dauernde Kämpfe um die Macht im Staate gab, und sichergestellt, dass sich die beiden Augusti um die Probleme des Reiches kümmern konnten. Flankierend erfolgte 284 eine Verwaltungsreform, die aus den Provinzen überschaubare Größen machte, indem sie im Alpenraum Raetia in Raetia prima und Raetia secunda unterteilte und Noricum in Ripense (Ufernoricum) und Mediterraneum (Binnennoricum). 292 wurden die Grenzbefestigungen gegen die Alamannen verstärkt und auf der Linie Donau-Iller-Rhein der Limes ausgebaut. Die lineare Grenzverteidigung wurde aufgegeben und das Heer in ein Milizheer zum beständigen Grenzschutz (limitanei) und ein bewegliches Feldheer (comitatenses) aufgeteilt, das mit seinen berittenen Einheiten jederzeit dort eingreifen konnte, wo es nötig war. Gleichzeitig wurde die römische Armee auf 60 Legionen und 500 000 Mann ausgebaut. Die Probe aufs Exempel erfolgte im Jahre 298. Die wieder einmal auf Beute ausgehenden Alamannen schlug der Caesar Constantius ohne Mühe bei Vindonissa (Windisch). Konstantin I. (306–337), den die Geschichte den Großen nennt und dem wir den Sonntag verdanken, setzte die Reichsreform fort, gründete Konstantinopel und tolerierte das Christentum als gleichberechtigte Religion. Um 330 erhöhte er die Sollstärke des Heeres auf 75 Legionen mit 900 000 Mann. Die Kastelle, ursprünglich

Kasernen, aus denen die Soldaten ausrückten, um den Feind in offener Feldschlacht zu schlagen, verwandelte er in Festungen. Ihre Funktion bestand nun darin, möglichst lange auszuharren und den Gegner aufzuhalten, bis die schnellen Eingreiftruppen herangeführt waren.

Im Laufe des 4. Jahrhunderts machte es sich bemerkbar, dass die römische Armee mehr und mehr aus Germanen bestand. Die Karriere des späteren Kaisers Julian (361–363), dem christliche Historiker wegen seiner Restitution der alten Götterkulte den Beinamen Apostata (der Abtrünnige) gaben, ist dafür ein gutes Beispiel. Als Caesar des Westens sollte er die Alamannen bekämpfen. Die suchten 352–354 nicht nur die Nordschweiz und die Alpentäler heim, sondern waren auch in einer Breite von fünfzig Kilometern über den Rhein vorgedrungen und eroberten die römischen Städte Köln, Mainz und Straßburg. Ohne militärische Erfahrung, aber gestützt auf ein fähiges Offizierskorps, schlug Julian die Alamannen 357 bei Argentorate (Straßburg). Damit nicht genug, trug er den Krieg über den Rhein ins alamannische Stammland und stellte den Status quo an der Rheingrenze wieder her.

Sein Vorgesetzter, Kaiser Konstantin II. (337–361), der im Osten ohne Fortune gegen das neupersische Reich kämpfte, befahl 360 Julian, ihm die besten Truppen zu Hilfe zu schicken. Das waren germanische Einheiten, und es war klar, dass dies zu Lasten der Grenzverteidigung gehen würde. Einen Zweifrontenkrieg konnte sich das Imperium zu diesem Zeitpunkt nicht mehr leisten. Die Germanen weigerten sich und riefen Julian zum Kaiser aus.

Unter Valentinian I. (364–375) gelang es ein letztes Mal, den Limes an Rhein und Donau zu reorganisieren. Seine Regierungszeit war von beständigen Kämpfen gegen die Alamannen und andere Feinde geprägt. »Zu dieser Zeit schmetterten fast im gesamten römischen Erdkreis die Kriegstrompeten«, kommentierte der Historiker Ammianus Marcellinus (330–395) die Lage. »Die wildesten Völker wurden dadurch angefeuert und durchstreiften die Grenzgebiete in ihrer Nähe. Die Alamannen verheerten gleichzeitig Gallien und Rätien, die Sarmaten und Quaden die pannonischen Gebiete, die Pikten und Sachsen, die Scoten und Attacotten plagten ständig die Britannier, die Austorianer und andere Maurenstämme fielen heftiger als gewöhnlich in Afrika ein, und Thrakien plünderten Räuberbanden der Goten aus.« Dass unter diesen widrigen Umständen dem Kaiser in den Jahren 369–374 ein systematischer Ausbau des Limes »von den Alpen bis zur Nordsee« (Christine van Hoof) überhaupt gelang, empfand sein Geschichtsschreiber als ein Wunder: »Den Rhein ließ er in seiner ganzen Länge … mit großen Wällen befestigen, an höher gelegenen Stellen ließ er Lager und Kastelle sowie an dafür besonders geeigneten Orten in ununterbrochener Reihe Türme errichten.« Sein Sohn Gratian (359–383), bereits mit acht Jahren zum Augustus erhoben, begleitete seinen Vater auf dessen Alamannenfeldzügen und schlug die Krieger dieser Stammeskoalition 378 in der Nähe des elsässischen Colmar. Die Verfolgung bis in den Schwarzwald war historisch der letzte römische Vorstoß über den Rhein. Einen geplanten Feldzug gegen die Alamannen in Rätien musste der Vierundzwanzigjährige schon am Brenner abbrechen, um einen Gegenkaiser zu bekämpfen. Das glückte nicht, und die Römer der Hauptstadt wussten, warum. Unter dem Einfluss des wortgewaltigen Bischofs von Mailand, des Kirchenvaters Ambrosius (339–397), hatte Gratian befohlen, den Siegesaltar der Göttin Victoria, der seit Kaiser Augustus in der Kurie des Senats seinen Platz hatte, fortzuschaffen. Die Göttin, die seit vierhundert Jahren dafür sorgte, dass die Kaiser siegten und das Imperium erhalten blieb, nahm das übel, der Gott der Christen sprang nicht stellvertretend ein – und der junge Gratian, »ein Jüngling mit hervorragenden Anlagen« nach dem Urteil des Ammianus Marcellinus, wurde auf Befehl seines Konkurrenten ermordet.

Siebzig Jahre vor dem offiziellen Ende des Römischen Reiches im Westen zeichnete sich dessen Untergang bereits ab. Im Jahre 401 zog der König der Westgoten, Alarich, mit seinem Stamm – durch das wieder einmal leidende Noricum – nach Oberitalien und belagerte Mailand. Der Heermeister des Westreiches Flavius Stilicho (362–408), der Sohn eines Vandalen und einer Römerin, gerade damit beschäftigt, die Alanen und Vandalen aus Rätien zu vertreiben, schwenkte mit seinem Heer nach Süden. Er zwang Alarich zur Aufgabe der Belagerung und schlug ihn im Frühjahr 402 bei Pollentia (Bra) und im Sommer bei Verona. Die Westgoten zogen über Noricum aus Italien ab. Drei Jahre später überschritten ihre Vettern, die Ostgoten, unter Radagais die Donau und fielen über die Ostalpen in Italien ein. Ein Sieg Stilichos 406 bei Faesulae (Fiesole) nahe Florenz beendete auch diese Bedrohung. Aber um sie abzuwehren, musste der Heermeister Truppen aus Gallien und von der Donau abziehen und hunnische Reiterei verpflichten. 408 fiel er einer Hofintrige zum Opfer und wurde in Ravenna ermordet. Sein Tod ermunterte Alarich zu seinem zweiten Einfall in Italien. 410 eroberte er Rom und plünderte es. Im fernen Jerusalem sah der Kirchenvater Hieronymus (347–420) das Ende gekommen: »Das hellste Licht der gesamten Welt ist erloschen; wahrhaftig wurde das Haupt von dem Römischen Reich abgeschnitten. Um es noch wahrer zu fassen, die ganze Welt ist mit einer Stadt gestorben. Wer hätte geglaubt, dass Rom, das durch Siege über die ganze Welt aufgebaut worden war, fallen würde; so dass es sowohl die Mutter als auch das Grab für alle Völker sein würde.«

Damit nicht genug, machte sich auch noch ein innerasiatisches Reitervolk nach Europa auf: die Hunnen. Mit einer Mischung aus Erpressung und Aggression forderten sie ungeheure Tribute vom Oströmischen Reich. Blieben die Zahlungen aus, überschritten sie die Donau und plünderten. Keiner kannte sie besser als der weströmische Heermeister Flavius Aëtius (390–454). Er hatte als jugendliche Geisel lange unter ihnen gelebt. Das Zentrum ihres Reiches lag im heutigen Ungarn. Ihre Schlagkraft beruhte nicht nur auf ihrer Schnelligkeit und der Treffsicherheit ihrer Reflexbögen, sondern auch darauf, dass in ihrem Heer zahllose germanische Kontingente, Stämme, die sie unterworfen hatten, integriert waren. Die Hunnen sammelten in ihrem Reich nicht Länder, sondern Gefolgsleute. Ein angenehmer Effekt für das Westreich, denn zum ersten Mal verringerte sich der Druck der Germanen auf die römischen Grenzen. In Attila (440–453) hatten die Hunnen einen charismatischen Anführer, der sich nur mit der Weltherrschaft zufriedengeben wollte und damit den unterworfenen Völkern ein attraktives Ziel bot. Im Frühjahr 451 rückte das Hunnenheer, das zur Hälfte aus Ostgoten, Gepiden, Franken, Burgundern, Herulern, Skiren, Langobarden und Thüringern bestand, entlang der Donau nach Westen vor. Statt durch die Ostalpen wälzte sich die kriegerische Masse durch Noricum ripense und die Raetia secunda, bis sie bei Koblenz den Rhein überschritt und in Gallien einfiel. Aëtius hatte sich gleichfalls Verbündete gesichert: die Westgoten mit ihrem König, das Reitervolk der persisch sprechenden Alanen, dazu Stämme der Burgunder und Franken, die nicht den Hunnen heerespflichtig waren. Die Schlacht auf den Katalaunischen Feldern (bei Châlons-en-Champagne) gewann Aëtius, den der byzantinische Historiker Prokopios von Caesarea (500–562) ehrenvollerweise »den letzten Römer« nennt. Doch erlitt er dabei so große Verluste, dass er Attila unbehelligt abziehen ließ. 452 kam Attila wieder – diesmal über die Ostalpenpässe direkt nach Oberitalien. Wer bis dahin geglaubt hatte, die Hunnen seien nur in der Lage, einen Bewegungskrieg zu führen, durfte nun ihre Belagerungstechnik bewundern. Nach dreimonatiger Belagerung plünderten sie das bis dahin nie eroberte Aquileia, es folgten Mailand, Pavia und Verona. Die Bevölkerung floh aufs Meer und gründete Venedig. Eine Gesandtschaft von Papst Leo I. dem Großen (440–461) rühmte sich später, Attila mit Gottes Hilfe zum Rückzug bewogen zu haben. Tatsächlich bewirkten ihn aber im Heer ausgebrochene Seuchen und ein empfindlicher Lebensmittelmangel. Der Abzug durch Noricum schädigte wieder einmal den Alpenraum.

Aus diesem 5. Jahrhundert ist uns die Lebensbeschreibung eines Heiligen überliefert, die sein Schüler Eugippius 511 geschrieben hat und die neben den üblichen Wundern und dem Lob für den frommen Mann indirekt auch die Verhältnisse in der Provinz Noricum darstellt. Der heilige Severin (410–482) stammte aus einer angesehenen römischen Familie, er wirkte als Mönch und gilt als Gründer mehrerer Klöster. Ähnlich einem Provinzgouverneur verhandelte er mit Germanenfürsten, befreite Gefangene, sorgte für Lebensmittel und Kleidung, und vermittels seiner seherischen Fähigkeiten warnte er die Bevölkerung vor Angriffen. »Zur selben Zeit verließen die Bewohner der Stadt Quintanis (Künzing), die durch die dauernden Alamanneneinfälle schon völlig zermürbt waren, ihre eigenen Wohnsitze und siedelten in die Stadt Batavis (Passau) über. Doch den Barbaren blieb der Ort nicht verborgen, wo sie Zuflucht gesucht hatten; sie wurden dadurch noch mehr angestachelt, weil sie glaubten, die Bevölkerung zweier Städte nun durch einen einzigen Überfall ausrauben zu können. Der selige Severin betete nun unermüdlich mit ganzer Kraft, ermutigte die Romanen …« Es gelingt den Bürgern tatsächlich, die Alamannen zu vertreiben, was Severin realistischerweise nur als einen kurzen Waffenstillstand ansieht, weshalb er die Einwohner beschwört, weiter nach Westen, in das alte Legionslager von Lauriacum (Lorch) auszuweichen. »So siedelte also nach der Zerstörung der Städte an der oberen

Donau die gesamte Bevölkerung, die auf die Warnungen des heiligen Severin gehört hatte, nach Lauriacum über.« Diejenigen aber, »die gegen das Verbot des Gottesmannes ebendort geblieben waren, wurden bei einem Überfall der Thüringer noch in derselben Woche teils niedergemetzelt, teils in Gefangenschaft weggeschleppt ...« Der heilige Severin verstarb am 8. Januar 482. Vorher prophezeite er die Evakuierung aller Romanen aus Ufernoricum und gab ihnen auf, seinen Leichnam nach Italien mitzunehmen. Tatsächlich ordnete der letzte Heermeister Westroms, Odoaker (476–493), der den letzten weströmischen Kaiser Romulus Augustulus abgesetzt und sich selbst zum König Italiens erklärt hatte, die Räumung Ufernoricums in den Jahren 487 und 488 an. Die Romanen wurden in Italien angesiedelt. Damit fehlte den eindringenden Germanen die ökonomische Grundlage. In die nahezu bevölkerungsleeren Räume rückten in der Folgezeit Bajuwaren und Langobarden ein.

Odoakers Verhältnis zu Ostrom verschlechterte sich, als er auf die Idee kam, Dalmatien zu annektieren. Kaiser Zenon beförderte den König der Ostgoten, Theoderich (493–526), 488 zum oströmischen Heermeister und erteilte ihm den Auftrag, Odoaker zu bekämpfen. Theoderich rückte über die Ostalpen in Italien ein, schlug seinen Gegner in mehreren Schlachten und schloss ihn in seiner Hauptstadt Ravenna ein. Die zähe Belagerung – die Stadt war durch einen

Sumpfgürtel geschützt – zog sich zwei Jahre hin. Erst ein Friedensvertrag mit Odoaker öffnete ihm die Stadt, die als uneinnehmbar galt. Trotz der getroffenen Abmachungen erschlug Theoderich Odoaker mit eigener Hand. Beide Rätien und Binnennoricum waren nun Teil des Ostgotenreiches. Die spätantiken Verwaltungsstrukturen blieben erhalten. 536 wurden die beiden Rätien an die Franken abgetreten. 544 wütete die Justinianische, aus dem Ostreich eingeschleppte Pest im Alpenraum und tötete ein Drittel der Bevölkerung.

Ende des 6. Jahrhunderts zerstörten die Awaren, ein zentralasiatisches Reitervolk, die den Steigbügel nach Europa brachten, mit den verbündeten Slawen die kaum noch bewohnten Städte des einstmals romanischen Noricum mediterraneum (Binnennoricum). Das Verschwinden der römischen Kultur im Ostalpenraum erklärt sich daraus, dass weder Awaren noch Slawen sie schätzten. Sie waren keine Christen, sprachen nicht Latein und hatten für die römische Stadtkultur nichts übrig. So blieb der romanischen Elite nur die Wahl zwischen Anpassung und Auswanderung. Die ärmere Bevölkerung musste ausharren und übernahm die slawische Kultur. Der bereits erwähnte zeitgenössische Historiker Prokop beschreibt sie wie folgt: »Sie glauben an einen einzigen Gott, den Blitzeschleuderer und alleinigen Herrn über alles; ihm opfern sie Rinder und andere Tiere jeder Art. Sie wissen weder etwas von Schicksalsmacht, noch messen sie ihr sonst wie irgendwelchen Einfluss auf das menschliche Leben zu. Sie versprechen vielmehr, wenn sie durch Krankheit oder Krieg in Lebensgefahr geraten, für den Fall der Rettung ihrem Gotte sogleich ein Dankopfer darzubringen, tun dies dann auch, wenn sie heil durchkommen, und glauben für dieses Opfer ihr Leben erkauft zu haben. Sie verehren außerdem Flüsse, Nymphen und andere Gottheiten und bringen auch ihnen insgesamt Opfer dar, denen sie dann ihre Weissagungen entnehmen. Weit voneinander getrennt hausen sie in armseligen Hütten und wechseln alle häufig ihren Wohnsitz. ... Manche besitzen nicht einmal ein Hemd oder einen Mantel, sondern tragen bloß Beinkleider bis zu den Lenden herauf ... Sie sprechen nur eine einzige, und zwar ganz barbarische Sprache ... Ihre Lebensweise ist ebenso roh und primitiv wie die der Massageten (ein iranisches Reitervolk am Kaspischen Meer, Anm. d. Verf.); wie diese starren auch sie immer von Schmutz. Doch sind sie keineswegs schlechte oder bösartige Menschen, sondern tun es in ihrer Einfachheit nur der hunnischen Lebensweise gleich.« Eine unverständliche Sprache, eine primitive Religion, dazu die halbnomadische Lebensweise und mangelnde Sauberkeit – in den Augen der Antike konnte eine solche Kultur nicht von Dauer sein. Wirklich unterwarf in den Jahren 799 bis 805 ein fränkischer Feldzug Awaren und Slawen, bei denen es sich wahrscheinlich um die Vorgänger der Slowenen gehandelt hat, und diktierte mit dem Recht des Siegers den Übertritt zum christlichen Glauben.

In den Jahren 436/437 hatte Aëtius (s. S. 145 f.) mit Hilfe der Hunnen das Burgunderreich am Rhein mit seiner Hauptstadt Worms zerstört, ein Gewaltakt, dem wir das Nibelungenlied verdanken. Aëtius siedelte die Überlebenden an der Rhone und am Genfer See inmitten der romanischen Bevölkerung an. Ihre Aufgabe bestand im Schutz der wichtigen Westalpenpässe, des Großen und Kleinen St. Bernhard. Da die Burgunder unter den Einheimischen nur eine Minderheit von zehn Prozent darstellten, betrieben die burgundischen Könige eine kluge Integrationspolitik. So finden wir romanische Namen auf höchsten königlichen Posten, um 500 trat König Sigismund vom arianischen zum katholischen Glauben der Romanen über und gründete 515 das Kloster Saint-Maurice d'Agaune im Wallis, das seit dieser Zeit ununterbrochen besteht. Die burgundische Sprache verschwand zugunsten des Romanischen, und die Eliten beider Teile verschmolzen zu einer gemeinsamen Führungsschicht. Selbst die Eroberung durch die Franken 534 änderte daran nichts. Das Einzige, was von den Burgundern blieb, war der Name der Landschaft, mit dem sich auch die Romanen identifzierten.

Ab dem 6. Jahrhundert siedelten die Alamannen im Nordwesten des Alpenbogens vom Berner Oberland bis

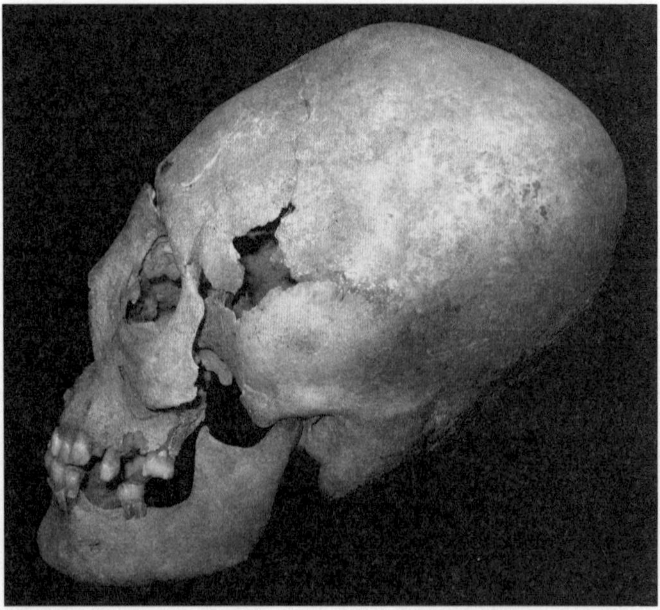

Belege für die Ansiedelung früher Einwanderer: Hunnenschädel (5./6. Jh. n. Chr.) aus einem Grabfund in Altenerding, Bayern

nach Schwaben und in das Allgäu in der alten Provinz Raetia secunda. Die romanischen Räter in der Raetia prima mit ihrer Hauptstadt Chur konnten sich erfolgreich gegen die Alamannen behaupten. In diesem Churrätien genannten Gebiet existierten noch lange spätantike Strukturen, die romanische Sprache und die alten Besitzverhältnisse, was die romanischen Namen dokumentieren. Die Franken, die im 6. Jahrhundert die Alpen »übernehmen«, nennen das Rätoromanische »Churwälsch«. Bis zur Jahrtausendwende wurde es in einem 300 Kilometer langen und 150 Kilometer breiten Band vom Bodensee bis ins heutige Kärnten, vom Furkapass bis nach Triest gesprochen.

Die Bajuwaren, ein Mischstamm, an dessen Entstehung Alamannen, Thüringer, Ostgoten und Langobarden beteiligt sind, besiedeln Bayern, Tirol und greifen auch in ursprünglich rätoromanische Gebiete wie den Vinschgau aus. Sie formieren sich spät. Im 5. Jahrhundert findet sich keine Erwähnung der Bajuwaren, erst auf der um 520 verfassten fränkischen Völkertafel sind sie genannt. Jordanes, ein Historiker aus dem 6. Jahrhundert, beschreibt sie 551 in seiner Gotengeschichte als östliche Nachbarn der Alamannen. Um 540 wird ein bajuwarisches Stammesherzogtum mit Sitz im alten Legionslager Regensburg von den Franken eingerichtet. Im Gegensatz zu den anderen germanischen Völkern wandern die Bajuwaren nicht. Sie bleiben im Gebiet der

Raetia secunda zwischen Donau, Iller, Lech und Alpen. Sie passen sich der romanischen Provinzbevölkerung in Bestattungsformen und materieller Kultur rasch an. Kastellorte wie Straubing und Neuburg werden weiter genutzt, ebenso die spätantiken Friedhöfe in Augsburg. In Straubing finden sich Trachtbestandteile auf einem Bestattungsplatz des 5. Jahrhunderts, die auf eine gemischte, germanisch-romanische Bevölkerung hinweisen. Die große Kontinuität einer romanischen Bevölkerung in Bayern und Tirol lässt sich auch durch Namen wie Walchensee, Wallgau und das in der Tabula Peutingeriana als Scarbia verzeichnete Scharnitz belegen. Ebenso gibt es südlich und nördlich von Salzburg viele romanische Ortsnamen. Auch Orte mit germanischem Namen müssen nicht unbedingt von einer deutschsprachigen Bevölkerung bewohnt sein, wie die Besitzurkunden mit romanischen Namen beweisen. Gerade in Südbayern bricht die römische Besiedelung nicht ab. Der Anteil der Gebietsfremden (Neusiedler) beläuft sich nur auf 25 Prozent, wie anthropologische Untersuchungen auf Friedhöfen ergeben haben. Dass man sich andererseits mit fremdstämmigen Frauen gerne zur Verbesserung des Genpools zusammentat, belegen die dreißig hunnischen Migrantinnen, erkennbar an der Deformation des Schädels, die man aus dieser Zeit ausgegraben hat. Der sich nach hinten verjüngende Turmschädel hat sicherlich für Aufsehen und Bewunderung gesorgt.

So sind die Jahre zwischen 500 und 1000 gekennzeichnet von einem Bevölkerungsrückgang, dem Verlust von Ackerflächen, allgemeiner Armut und vielen zerstörten Städten, doch auch von großer Kontinuität. Die Eindringlinge verschmelzen mit den Provinzialen, andererseits halten sich die romanisierten Völker im Westen und auf der Südseite der Alpen. Die spätantike Verwaltung dauert an, die Eliten bleiben größtenteils die alten. Selbst im 8. und 9. Jahrhundert zeigen sich in den Urkunden der Bajuwaren noch spätrömische Traditionen.

VII

Der Sieg des Christentums in den Alpen

»Ich bin bei euch alle Tage bis an der Welt Ende.«

Matthäus 28, 20

Kann man sagen, wann es begann? Erst 313 wird das Toleranzedikt Konstantins des Großen verkündet und damit der christliche Glaube als gleichberechtigte Religion anerkannt. Vor dieser Zeit versuchte der römische Staat, sich der Christen zu entledigen, verfolgte sie und verurteilte sie zum Tode, wenn sie sich dem Götteropfer verweigerten. Der Gottesdienst fand nicht in Kirchen, sondern in Privathäusern statt, christliche Symbole auf den Friedhöfen hätten die Familien als Christen überführt, und die heidnische Sitte der Beigaben fürs Jenseits wurde noch Jahrhunderte später von christlichen Germanen, Kelten und Rätern praktiziert, so dass auch auf den Friedhöfen sich Christen und Heiden kaum unterscheiden lassen. Erst im 4. Jahrhundert hat in den Westalpen jede Stadt ihren Bischof – als Beispiele gelten Martigny / Octodurus und Grenoble / Gratianopolis –, und erst ab dem 5. Jahrhundert, was viele Kirchenfundamente beweisen, zieht der restliche Alpenraum nach.

451 ist in Chur der erste Bischof erwähnt. Aber der Gegensatz zwischen Stadt (Christen) und Land (Heiden) bleibt noch lange bestehen. Noch Ende des 4. Jahrhunderts, da hat Kaiser Theodosius im Jahre 391 längst das Christentum zur Staatsreligion erhoben, werden in Tirol zwei Missionare des Bischofs von Trient, Vigilius, erschlagen, weil sie verhindern wollen, dass Neugetaufte an heidnischen Prozessionen teilnehmen. Und als der Bischof ein Götzenbild im Rendenatal umstürzen will, wird er unter einer Masse von Holzschuhen begraben, geworfen von erbosten Bauern. Noch in der Zeit des heiligen Severin, also um 460, gibt es in Noricum heidnische Opferbräuche. Doch an den Bestattungssitten kann man ablesen, dass Christentum und Kirche in der Alpenbevölkerung um 400 langsam Fuß fassen: die Beigaben werden weggelassen, die Körperbestattung setzt sich statt der Brandbestattung durch.

Um das Jahr 300 schätzt man die Bevölkerungszahl im gesamten römischen Imperium auf ungefähr fünfzig Millionen, von denen zehn Prozent Christen gewesen sein sollen. Auf die Alpen bezogen kann man von ungefähr 100 000

Martyrium des heiligen Mauritius (1580–1582) in der Darstellung von El Greco

Christen ausgehen, die sich, wie überall im Reich, in den Städten konzentrierten. Tatsächlich sind es die Berichte über christliche Märtyrer, aus denen sich auf das Vorhandensein von christlichen Gemeinden in dieser Zeit schließen lässt.

Zwischen 290 und 300 ereignet sich bei Agaunum im Wallis, dem heutigen Saint-Maurice, die Tragödie der thebaischen, aus Ägypten stammenden Legion christlicher Soldaten. Sie war ausgehoben worden, um den Kaiser Maximian (286–305) bei einer Christenverfolgung im Alpenraum zu unterstützen. Ihr Anführer Mauritius lehnte ab und beschwor seine Soldaten, Christus treu zu bleiben und den Befehl zu verweigern. Darauf ordnete der Kaiser die Dezimierung der Legion wie bei Meuterern üblich an. Jeder zehnte Legionär wurde hingerichtet. »Da neigten die Heiligen ihre Häupter dar mit Freuden, und jeglicher eilte, dass er dem anderen zuvorkomme.« Mauritius sprach: »Schon liegen um uns die Leiber unserer Gesellen, und von dem Blute der Freunde sind unsere Kleider rot: so wollen wir ihnen nachfolgen zum Martyrium; und wollen dem Kaiser antworten: Kaiser, wir sind deine Ritter und haben das Schwert ergriffen, das Reich zu beschirmen; in uns ist keine Verräterei noch Furcht; aber den Glauben Christi mögen wir nimmermehr lassen.« Wieder weigerten sich die Soldaten. Die Dezimierung wurde wiederholt. Da auch das nichts nützte, wurden alle getötet, Mauritius geköpft. Zwei der Soldaten, Victor und Urs, entkamen dem Massaker und retteten sich nach Solothurn.

In Augsburg war es Afra, die als Tochter des Königs von Zypern auftrat und sich der Liebesgöttin Venus verbunden fühlte. Zusammen mit ihrer Mutter und drei Gefährtinnen eröffnete sie ein gutgehendes Freudenhaus. Als der aus Spanien vertriebene Bischof Narcissus sich vor seinen Häschern zu retten suchte, gewährten ihm Afra und ihre Mädchen Unterschlupf. Mit weitreichenden Folgen: Er bekehrte alle, und Afra, zur Christin konvertiert, schloss ihr Etablissement. Die empörten Augsburger, die sich mit christlichen Freudenmädchen wahrscheinlich arrangiert hätten, mit der Schließung des Liebestempels aber nicht einverstanden waren, zeigten darauf Afra als Christin an. Vor Gericht gestellt, verweigerte sie das vorgeschriebene Götteropfer und wurde auf einer Insel im Lech an einen Baumstamm gebunden und verbrannt.

Florian, der später als Patron der Feuerwehren amtieren wird und die Häuser vor Sturm und Brand schützt (»Heiliger St. Florian verschon mein Haus, zünd' andre an«), tut als römischer Offizier und Kanzleivorstand in Lauriacum (Lorch) während der diokletianischen Christenverfolgung im Jahre 304 Dienst. Er erfährt von vierzig gefangenen Christen und will sie befreien, wird aber selbst gefangen und verweigert wie Afra das Götteropfer. Nach vielen Martern soll er verbrannt werden. Da er aber androht, auf den Flammen des Scheiterhaufens gen Himmel aufzufahren, stürzt man ihn mit einem Mühlstein um den Hals in die Enns. In die Donau gespült und vom Fluss auf einen Felsen geworfen, wird sein Leichnam von einem Adler bewacht und später von einer Christin gefunden und bestattet. Über seinem Grab steht heute das Augustiner-Chorherrenstift St. Florian.

Andere Märtyrer geben uns Hinweise auf bereits bestehende Bistümer. So Cassian von Imola, vertriebener Bischof von Säben (Südtirol), der als Alpenmissionar gilt. Als Schullehrer weigerte er sich, in seinem Unterricht die römischen Götter zu verehren, und wurde von seinen Schülern, denen er mit großer Strenge begegnete und die er oft geschlagen hatte, mit ihren eisernen Griffeln zu Tode gemartert. In den Ostalpen ist es Victorinus aus Poetovio (Ptuj) im heutigen Slowenien, der als dortiger Bischof unter Diokletian (284–305) hingerichtet wird.

Diese Glaubensfestigkeit war von der Überzeugung geleitet, die Opferung Christi an sich selbst nachvollziehen zu können. Jedem Gläubigen stand es frei, Christi Opfer zu wiederholen und dadurch des Paradieses teilhaftig zu werden. Die Kraft, alle Martern und schließlich den Tod zu ertragen, kam direkt von Christus, wie auch der Märtyrer Gott am nächsten war. Oder, wie es der Kirchenvater Cyprian (200/210–258), Bischof von Karthago, ausdrückt, der selbst das Martyrium erlitt: »Die Taufe, die uns nach unserem Scheiden von der Welt unmittelbar mit Gott vereint.« Diese Bluttaufe stellte die höchste Form der Christusnachfolge dar, sie bewies, dass der Gläubige es mit seinem Glauben wirklich ernst meinte. Das Prestige eines Märtyrers ließ sich nicht übertreffen. Er soll »als ein Engel Gottes oder Gott auf Erden angesehen werden«, denn er ist »mit dem heiligen Geiste Gottes bekleidet, und durch ihn seht ihr den Herrn, unsern Erlöser«. Das tausendjährige Reich, in dem Christus herrschen werde bis zum Jüngsten Gericht, werde die Märtyrer an seiner Seite sehen: »Und ich sah Throne, und sie saßen darauf, und es wurde ihnen gegeben, Gericht zu halten; und die Seelen derer, die um des Zeugnisses Jesu und um des Wortes Gottes willen enthauptet waren, und die, die das Tier nicht angebetet hatten noch sein Bild und das Malzeichen nicht angenommen hatten an ihre Stirn und an ihre Hand, und sie lebten und herrschten mit dem Christus 1000 Jahre. Die übrigen der Toten wurden nicht lebendig, bis die 1000 Jahre vollendet waren. Dies ist die erste Auferstehung. Glückselig und heilig, wer teilhat an der ersten Auferstehung! Über diese hat der zweite Tod keine Gewalt, sondern sie werden Priester Gottes und des Christus sein und mit ihm herrschen 1000 Jahre.« (Offenbarung 20, 4–6)

Rein theoretisch hätten die Bewohner der Alpen den neuen Glauben nicht gebraucht. Die Räter hatten ihre

Brandopferplätze zwischen Thunersee und Salzach, mit dem 2510 Meter hohen Schlern als spektakulärstem Beispiel. Hier opferten sie den Göttern der Berge, unter ihnen der Heilgöttin Raitia, um ihnen Dank abzustatten für Schutz auf gefährlichen Wegpassagen, das gesunde Vieh auf der Alm und die Bewahrung des Lebens im Wettersturz.

Einen ganzen Olymp von Gottheiten besaßen die östlich und westlich der Räter lebenden Kelten. Mars Latobius war der Hauptgott der Noriker, ansonsten verehrte man den ein Hirschgeweih tragenden Gott Cernunnos, den »Herrn der Tiere«, und die Pferdegöttin Epona. Das Jenseits stellte man sich wie das Diesseits vor. Ebendeswegen stattete man den Toten mit reichen Grabbeigaben aus. Die Elite wollte auch im Jenseits an der Spitze stehen.

Als die Römer kamen, wurde das Verhältnis zu den Göttern geschäftsmäßig. Vor allem war es wichtig, den richtigen Gott anzusprechen und genau die Opferrituale einzuhalten. Do, ut des – ich gebe, damit du gibst. Das Opfer war in der antiken Religion gleichsam das Transportmittel, mit dem – getragen von der Seele des geopferten Tieres – die Gebete und Bitten zu den Göttern aufstiegen. Der Glaube an diese Funktionsweise der Staatsgötter ging den Christen verloren. Gemeinsamer Nenner aller vorchristlichen Religionen war der Dämonenglaube. Um die Dämonen zu bannen, brauchte es Amulette zu ihrer Abwehr. Die Christen verwarfen sie als heidnisch, mussten sich aber ebenfalls gegen den Teufel schützen. Als sich im nördlichen Alpenraum im 6. und 7. Jahrhundert langsam das Christentum ausbreitete, wurden die Amulette durch christliche Heilszeichen ersetzt.

Aber das Christentum siegte nicht nur über die alten Kulte, sondern schlug auch die konkurrierenden Erlösungsreligionen, den persischen Mithraskult und die ägyptischen Isis-Mysterien, aus dem Feld. Der Philosoph Ernst Bloch hat von dem »Wunschmysterium« des Christentums gesprochen: Auferstehung, Himmelfahrt, Wiederkehr. Diese Erlösungshoffnung, die direkt ins Paradies führte, wie Jesus dem mit ihm gekreuzigten und an ihn glaubenden Verbrecher verspricht: »Wahrlich, ich sage Dir, noch heute wirst Du mit mir im Paradiese sein« (Lukas 23, 43), machte die antike Vorstellung von einer Schattenexistenz in der Unterwelt gänzlich unattraktiv. Unsterblichkeit zu erlangen, göttergleich zu werden war in der Antike nur durch große Taten möglich. So gesehen basierte die Jenseitsvorstellung der aristokratischen römischen Gesellschaft auf Leistung, wohingegen das Paradies im Christentum für jeden Gläubigen erreichbar war: »dass alle, die an Christus glauben, nicht verloren werden, sondern das ewige Leben haben« (Johannes 3, 14 f.).

Auch machte der neue Glaube keine Unterschiede. Alleinstehende Frauen, Witwen und Waisen, Sklaven, Arme und Nichtbürger gehörten zur Zielgruppe genauso wie Soldaten oder Intellektuelle. Vor Gott waren alle gleich und genossen zumindest theoretisch die gleiche Wertschätzung in den Gemeinden. Die antike Einstellung sah in der Armut kein Heil, sondern eine Leistungsschwäche. Der Arme hatte offenbar die ihm gebotenen Chancen nicht genutzt. Dagegen setzten die Christen ihre tätige Nächstenliebe und die Kirche ihre umfassende karitative Tätigkeit, gerade in Krisenzeiten. Armut wurde ein Wert an sich. Der Arme bekam seinen Platz in der Gesellschaft, bot er doch den anderen die Möglichkeit, durch Almosen ihre himmlische Leistungsbilanz zu verbessern: »Was du getan hast dem Geringsten meiner Brüder, das hast du mir getan«, spricht Jesus (Matthäus 25, 40). Statt aristokratischen Stolzes war nun Demut gefordert: »Die Ersten werden die Letzten und die Letzten die Ersten sein.« (Matthäus 19, 30) Umgekehrt galt Reichtum als eine Belastung für ein gottgefälliges Leben: »Es ist leichter, dass ein Kamel durch ein Nadelöhr gehe, denn dass ein Reicher ins Reich Gottes komme.« (Matthäus 7, 14)

Schließlich war auch die Gottesvorstellung eine völlig andere. Die Evangelien, wie sie Ende des zweiten Jahrhunderts kanonisiert wurden, boten eine leichtverständliche, im Erzählton gehaltene Botschaft. Dass Gott seinen eigenen Sohn am Kreuz sterben ließ, um die sündige Menschheit zu erlösen, zeigte ihn als liebenden und barmherzigen Vater. Das Leben des Einzelnen bekam Wert, er war Teil des großen Heilsplanes: Von Gott gewollt und auf Erden, um die ihm zugemessene Zeit in der Erkenntnis Gottes zu verbringen und seine Nähe zu suchen. Außerdem wirkte das christliche Personal, Gottvater, Christus, die Gottesmutter Maria und die Heiligen, höchst zugänglich: »Eine Frau aus dem Volk kann ihren Familien- und Ehekummer der Jungfrau Maria erzählen; falls sie sich mit denselben Sorgen an Hera oder Aphrodite gewandt hätte, würde sich die Göttin wohl gefragt haben, was nur in diese dumme Bäuerin gefahren ist, die ihr da von Dingen erzählt, mit denen Götter nichts zu schaffen haben.« Die persönliche Bindung Gott-Mensch bewirkte Geborgenheit. Es war die Gewissheit, ein »nie versiegendes Reservoir an Macht und Segen anzapfen zu können« und sich damit eine Quelle übernatürlicher Macht zu erschließen. Diese göttliche Zuwendung erlebte der Christ als Berufung zu einem neuen Leben, in dem er sich durch seinen Glauben und gute Werke für die Aufnahme ins Himmelreich qualifizierte. Beim Gottesdienst begegnete er seinen Mitchristen und feierte mit ihnen in der Kirche seine Überzeugung in Liturgie und Eucharistie.

Wer seinem Gott noch näher kommen wollte, wurde Eremit. Die Wüsten Ägyptens, Syriens und der Sinai waren voller Männer, die durch strenge Askese die letzten Schwächen eines sündigen Körpers bekämpften. Säulenheilige verharrten im immerwährenden Gebet auf zwei Quadratmeter messenden Plattformen, während der heilige Antonius (256–356), auch Vater der Mönche genannt, in einer alten ägyptischen Grabkammer allen Versuchungen widerstand.

Wenn sich viele Eremiten an einem Ort aufhielten, lag es nahe, eine Gemeinschaft zu organisieren, ein Kloster. Es diente zur Lebensvervollkommnung in Christo und bedurfte dazu Regeln. Pachomios (298–346) stellte um 325 in Ägypten die erste Klosterregel auf, es folgte der Kirchenvater Augustinus (354–430), der um 391 ein eigenes Kloster gründete und in seiner Regel die Besitzlosigkeit der Mönche und Nonnen vorschrieb. Johannes Cassianus (360–435), der bei Marseille um 415 sowohl ein Frauen- als auch ein Männerkloster gründete und damit die Idee des Klosters in den Westen brachte, fügte die Stundengebete hinzu. Gestützt auf die um 500–530 entstandene regula magistri und andere Vorgänger entwickelte schließlich Benedikt von Nursia (480–547) seine Regel, in der er den Mönchen die einmal gewählte Gemeinschaft (stabilitas loci) und körperliche Arbeit verordnete, aber über alles den Gottesdienst stellte, dem nichts vorgezogen werden sollte. Um 530 gründete er das Kloster Monte Cassino. Ihn hat Papst Gregor der Große (540–604) folgendermaßen charakterisiert: »Inmitten der vielen Wunder, durch die der Mann Gottes in der Welt glänzte, leuchtete er auch ganz besonders durch das Wort seiner Lehre hervor. Denn er hat eine Regel für Mönche verfasst, einzigartig in weiser Mäßigung, lichtvoll in der Darstellung. Wer sein Leben und seinen Wandel genauer kennenlernen will, der findet in den Vorschriften dieser Regel alles, was er als Lehrmeister vorgelebt hat. Denn der Heilige konnte nicht anders lehren, als er lebte.« Auf dem Reichstag zu Aachen erhob der Frankenkaiser Ludwig der Fromme (778–840) die Benediktsregel 816 zum Reichsgesetz, gültig für alle Klöster.

Die Welle der Klostergründungen in den Alpen begann 515 mit Saint-Maurice im Wallis. Hier lag der Zugang zum Großen St. Bernhard, im Mittelalter immer noch Mons Jovis genannt. Mit den Reliquien des heiligen Mauritius wurde das Kloster zum Wallfahrtszentrum an der ältesten Route der Pilger von den britischen Inseln nach Rom. Im 6. Jahrhundert entstand Säben in Südtirol. Ende des 7., Anfang des 8. Jahrhunderts folgten weitere Gründungen. 726 Novalese am Mont Cenis, das 825 ein Hospiz auf der Passhöhe errichtete. 740 Benediktbeuern und Staffelsee, 763 Scharnitz und Schäftlarn an der ehemaligen Römerstraße und damit in günstiger Lage zu den Verkehrsrouten des nördlichen Alpenvorlandes. Schon 719 war das Kloster St. Gallen aus einer Einsiedelei entstanden, 724 auf einer

Insel im Bodensee das Kloster Reichenau, unweit von Konstanz, gegründet worden.

Statt der vom Mönchsideal geforderten Einsamkeit und Abgeschiedenheit der Lage befanden sich alle bedeutenden Klöster an den großen Verkehrsachsen und nur ein bis zwei Tagesreisen von einer Stadt entfernt. Das hatte damit zu tun, dass diese Reichsklöster, die vom König mit großem Landbesitz ausgestattet oder von Adligen gestiftet wurden, auch öffentliche Funktionen erfüllten. Ihre abhängigen Bauern besserten Straßen und Wege aus, Pilger mussten aufgenommen und verpflegt werden, ebenso Königsboten und reisende Adlige, und einige Klöster waren sogar zur Heeresfolge verpflichtet. In rascher Folge entstanden die Klöster Tegernsee (um 760), Kochel am See (750), Schliersee (770), Herrenchiemsee (765) und Frauenchiemsee (782), Mattsee (784). Innichen im Pustertal (769) versorgte Reschen und Brenner und lag nahe am Kreuzbergpass. Das Kloster Mondsee (748) kontrollierte den Tauernpass, Kremsmünster (777) den Pyhrnpass. Salzburg, wo das Frauenkloster auf dem Nonnberg von militärisch geschulten Bauern geschützt wurde, war für die Hohen Tauern und das Hochtor zuständig. Am Splügenpass stand das Frauenkloster Cazis, am Julier und Septimer das Männerkloster Mistail. Pfäfers in Graubünden, das auf den heiligen Pirmin (670–753) zurückgeht, kontrollierte den Walensee und die Pässe Splügen und Septimer. Das Anfang des 8. Jahrhunderts gegründete Disentis lag am Lukmanierpass, Müstair hart an der Tiroler Grenze am Ofenpass.

In diesen Klöstern ging es um das Heil der Seele. So sank die Philosophie ab, mutierte zur Magd der Theologie. Der antike Weise wurde durch den geistigen Lehrer und dessen Autorität abgelöst. Die neue Weisheit, der Glaube, war antiintellektuell, insofern das Denken (Zweifel!) davon ablenkte, das Heil zu erlangen. »Credo, quia absurdum est.« (Tertullian) Der christliche geistliche Führer war kein Weiser, sondern ein Heiliger und als solcher ein Abbild göttlicher Vollkommenheit. Doch unter dem Mantel des Glaubens gelang den Klöstern eine kulturelle Revolution. Als Buchreligion brauchte das Christentum Leser, das Lateinische wurde für tausend Jahre die Gelehrtensprache Europas, die Schreibschulen der Klöster entwickelten sich zu Stätten der Gelehrsamkeit, die Klosterökonomie zum bedeutenden Wirtschaftsfaktor. Hätte es nicht die Klöster und ihre Skriptorien gegeben, die unermüdlich die klassischen Autoren kopierten, wüssten wir von der Antike praktisch nichts.

Am längsten hielten die heidnischen Bajuwaren und Alamannen aus. Sie zu missionieren brauchte es die Überzeugungskraft irisch-schottischer Mönche und vieler fränkischer Kleriker: Der heilige Emmeram, Bischof von Regensburg, der 652 den Märtyrertod starb, weil er die Vaterschaft der

Herzogstochter Uta an ihrem unehelichen Kind auf sich nahm. Der heilige Korbinian, erster Bischof von Freising, und der heilige Rupert, 696 der erste Bischof von Salzburg. Selbst der heilige Bonifatius (673–755), »Apostel der Deutschen« genannt, kümmerte sich jahrelang um die Kirchenorganisation in Bayern. Im späten 7. Jahrhundert erfolgte dann der endgültige Durchbruch.

Noch 554 berichtete der byzantinische Chronist Agathias von einem Plünderungszug der heidnischen Alamannen in Italien: »Die Alamannen hingegen, die einen anderen Glauben haben, verwüsteten rücksichtslos die Heiligtümer und beraubten sie ihres Schmuckes. Und damit nicht genug, deckten sie die Dächer der Kirchen ab und durchwühlten die Grundmauern. Die Heiligtümer troffen von Blut, und ebenso waren die Felder bedeckt, auf denen allenthalben unbestattete Leichen lagen.« Aber da die alamannischen Gebiete vielfach eine romanische Provinzbevölkerung aufwiesen, die bereits Christen waren, bemühte sich die alamannische Oberschicht durch Eigenkirchen um eine rasche Christianisierung. Im ausgehenden 6. Jahrhundert wurde in Konstanz ein Bischofssitz eingerichtet. Spätestens zu Beginn des 8. Jahrhunderts gab es im Bodenseeraum keine Heiden mehr.

Den endgültigen Sieg des Christentums repräsentiert der Heilige der Alpenbewohner und Bergsteiger, Bernhard von

Menthon (973–1081). Mit den Worten des bergsteigenden Priesters Achille Ratti, besser bekannt als Papst Pius XI. (1922–1939): »Er begnügte sich nicht damit, von jenem Ort das Bild Satans und seiner Diener zu entfernen … sondern, nachdem er auf den Trümmern des Tempels das Siegeszeichen Christi aufgepflanzt hatte … wurde nach dem Plan und auf Betreiben Bernhards auf dem höchsten bewohnbaren Fleck der Erde eine ständige Schutzwacht christlicher Nächstenliebe errichtet.« Damit war das heute noch bestehende Hospiz gemeint, das der heilige Bernhard auf dem Großen St. Bernhard 1050 errichtete. Aber der alte Jupitertempel erwies sich als zählebig, und seine Ruinen sollen noch im Jahre 1128 zu sehen gewesen sein.

Danksagung

Dieses Buch entstand, nachdem ich im April 2015 die Diagnose ALS erhalten hatte. Der rasante Verlauf der Erkrankung schränkte mich mehr und mehr ein, so dass ich bald nicht mehr alleine gehen, nichts mehr in den Händen halten, nicht mehr schlucken, nicht mehr essen, nicht mehr trinken, nicht mehr sprechen konnte. Die Fähigkeiten zu denken, zu lesen und zu schreiben allerdings nahm mir die Krankheit nicht.

Dass dieses Buch erscheinen kann, verdanke ich vielen. Dr. Peter Sillem und Nina Sillem vom S. Fischer Verlag, die mich auf eine Weise motiviert und unterstützt haben, dass ich mich als Autor dieses Hauses glücklich schätzen darf,

dem Schriftsteller Christoph Ransmayr, der mich als treuer Gefährte gedanklich auf meinen Reisen durch die Antike begleitet hat und das Nachwort spricht, den vielen Freunden und Weggefährten, die Anteil an meiner Arbeit und an meinem Schicksal genommen, Freundinnen, die mich umsorgt, und engagierten Ärzten und Pflegerinnen, die mich betreut haben. Ich verdanke es der so ungeheuer großen Unterstützung meiner Familie. Und ich verdanke es Irene, meiner Frau, die mir den geistigen Freiraum und emotionalen Rückhalt geschaffen hat, meine Arbeit zu beenden. Jeder von ihnen ist meinen Weg ein Stück weit mitgegangen.
Ihnen widme ich dieses Buch.
Wallbach im April 2016

Am Donnerpaß
Mit Ralf-Peter Märtin in der Höhe

Ein Nachwort von Christoph Ransmayr

Als sich Ralf-Peter Märtin im Spätwinter des Jahres 1993 gemeinsam mit zwei Gefährten von Muktinath im nepalesischen Damodar Himal zum Thorong La, dem *Donnerpaß*, auf den Weg machte, warnten Nomaden an ihrer Route vor drohendem Eisregen, Schneefall und Sturm. Aber die drei Höhenwanderer waren mit Schlechtwetter seit Wochen vertraut und überzeugt, noch vor der nahenden Sturmfront über diesen 5416 Meter über dem Meer gelegenen Paß das abgeschiedene Manangtal und dort das in jenen Jahren noch mythenverzauberte Stammeskönigtum Mustang zu erreichen.

Als nach einem mühevollen, von Wind und beißender Kälte erschwerten Anmarsch die Anstiege des Donnerpasses endlich vor den Wanderern lagen, waren Märtins Füße so wund, daß, wenn er in der Nacht seine nackten, glühenden Sohlen aus dem Zelt streckte, um sie im Schnee zu kühlen, am nächsten Morgen blutige Fußabdrücke wie die Spuren eines Kampfes zu sehen waren.

Seine beiden Begleiter, Thirta, ein Bergführer und Hochträger aus dem Volk der Tamang, und sein Freund Reinhold Messner, der damals bereits die Gipfel aller vierzehn höher als achttausend Meter aufragenden Berge der Welt erreicht hatte, boten Märtin an, gemeinsam mit ihm nach Muktinath zurückzukehren und dort entweder die Heilung der von zerrissenen Blasen bedeckten Fußsohlen abzuwarten oder ohne ihn nach Mustang zu gehen und nach einer Woche, zehn Tagen allerhöchstens, wieder nach Muktinath zurückzukehren.

Aber Märtins Neugier auf die damals selten besuchte tibetische Grenzregion war größer als seine Schmerzen. Thirta, dem Tamang, gelang es, von Yak-Nomaden, die ihnen eisverkrustet aus der Höhe entgegenkamen, ein tibetisches Pferd zu kaufen, das Märtin über den Paß tragen sollte. Als aber Stunden später der Pfad so eisig und steil wurde, daß selbst ein in den Märschen der vergangenen Wochen abgemagerter Reiter ein untragbares Gewicht war, saß der Versehrte wieder ab. Er solle sich nun, riet ihm Thirta, mit beiden Händen am Pferdeschweif festhalten und sich ziehen lassen, die Tiere hier seien daran gewöhnt und würden nicht ausschlagen. Also stieg und humpelte und stolperte Märtin das letzte, endlose Wegstück an den Pferdeschweif gekrallt bis hinauf zur Paßhöhe, fünftausendvierhundertundsechzehn Meter über dem weit, weit entfernten Meer. Dort sank er in den Schnee. Er hatte die höchste Höhe seines Lebens erreicht.

Ralf-Peter Märtin, mein Freund, war oft im Gebirge, immer wieder auch gemeinsam mit mir und unterwegs nicht nur im Himalaya und Transhimalaya, in Tibet oder Nordindien, sondern auch in den Kalkalpen, in den Dolomiten – oder aber auf den sanften Höhenrücken des hessischen Odenwalds, in dem er mit seiner Frau nach langem Suchen ein Haus gefunden hatte, in dem er bis zwei Tage vor seinem Tod leben und arbeiten sollte und dort selbst von seinem Schreibtisch den Zug der Wolken verfolgen konnte. Aber ob sich auf seinen oder auch unseren gemeinsamen Wegen felsige Steilhänge erhoben oder ein bewaldeter, von Vögeln durchsungener Hügel – er blieb, wo immer er seinen Weg fand, Spaziergänger, gelegentlich Spaziergänger auch in felsigem, alpinem Gelände ebenso wie in Fluß- und Moorlandschaften und Wüsten. Vor allem aber durchmaß er auf seinen Routen nie bloß Klima- und Vegetationszonen, wenn er einem Weg in die Höhe und einem anderen zurück ins Tal folgte, sondern er reiste dabei immer auch durch die Zeit:

Denn im Gebirge wurde mit jedem Höhenmeter, der ihn dem manchmal tief ziehenden Himmel näher brachte, seine Umgebung leerer, entblößt von mehr und mehr Zeichen aller Kultur und Zivilisation und dadurch immer ähnlicher jenen Kulissen, wie sie lange, sehr lange vor ihm bereits mittelalterliche, antike oder neolithische Jäger, Krieger oder Salzträger gesehen hatten: unter Gletschern begrabene Steinwüsten und Felslabyrinthe, über die Nebelschwaden dahinglitten, vertikal gestellte Weiten und Einöden, in deren Kaminen, Schluchten und Abstürzen der Wind die orgelnden und fauchenden, manchmal dröhnenden Stimmen von Geistern und Ahnen nachzuahmen schien.

Aber mein Freund Ralf vermochte selbst diese menschenleeren, ja scheinbar von allem Leben verlassenen Kulissen mit dem Personal längst vergangener oder vergessener Epochen zu besiedeln, wenn er sich unterwegs, gehend, steigend, um Atem ringend oder im Windschatten eines Rastplatzes, nicht nur an das erinnerte, was hier, ja genau hier, in diesem Hochtal oder auf jenem Kamm dort drüben, tatsächlich einmal geschehen war, sondern auch an das, was unter anderen als den überlieferten historischen Umständen bloß hätte geschehen können. Denn für ihn, den Historiker, war und blieb *Wirklichkeit* stets ein Zusammenfluß aus dem bloß Möglichen und dem Faktischen. Erst an dem, was hätte sein *können,* ließen sich der Sinn, die Notwendigkeit oder die Ungeheuerlichkeit dessen ablesen, was wirklich geschehen war.

Ralf-Peter Märtin machte in seinen Büchern selbst Existenzen wie den in seinem transsylvanischen Bergland wütenden Fürsten Vlad Ţepeş, dessen Blutgier ihn schließlich zum Vorbild für Bram Stokers *Dracula* hatte werden lassen, verständlich, ohne dabei je um Nachsicht für einen Massenmörder zu werben. Er ließ das Gebrüll und klirrende Getöse der *Varusschlacht* aus dem Vergessen hochschlagen, als wäre das Blutbad eben erst ausgestanden – und er beschrieb die in den Eisabstürzen und auf den Graten des *Nanga Parbat* erlittenen Tragödien und als Triumphe gefeierten Strapazen, als ragte die Diamirwand des *Nackten Berges,* die höchste Felswand der Erde, in Sichtweite der Leserschaft in den Himmel. Mein Freund machte seine Leser und Zuhörer mit diesen und anderen, für sie und auch für ihn selbst unerreichbaren Schauplätzen vertraut.

Ich erinnere mich an den im vorliegenden Buch zur Sprache gebrachten Zug der Kimbern und Teutonen gegen das römische Imperium. Diese von den damaligen Herren der Welt als Barbaren in der Liste der Völker geführten Stämme waren, von Klimaveränderungen und folgenden Hungersnöten getrieben, auf der Suche nach fruchtbaren Siedlungsgebieten nach Süden aufgebrochen. Die Kimbern hatten den heutigen Südtiroler Reschenpaß überschritten und stießen im Vinschgau auf die Verteidiger des Imperiums.

Die militärisch weit überlegenen römischen Grenzwächter waren über Jahrzehnte überzeugt gewesen, schon der Wall der eisbedeckten oder von Wolken verhüllten Bergzüge würde so furchteinflößend für jeden Angreifer aus dem Norden sein, daß er noch vor einer Schlacht, entmutigt oder entkräftet von den ersten Steilanstiegen, wieder kehrtmachen und in die Wildnis seiner Heimat zurückweichen würde. Aber die Kimbern.

Ralf erschloß Quellen, nach denen die barbarischen Krieger mit nacktem Oberkörper durch heftiges Schneegestöber die Steilhänge herab auf die Römer zugestürmt waren, ja, daß einige von ihnen auf ihren Schilden die Eisrinnen wie Wellenreiter oder *Snowboarder* unserer Tage zu Tal schossen und die Legionen der Weltherrschaft nicht allein mit ihren Waffen, sondern mehr noch mit ihrem brüllenden Lachen, ihrem Vergnügen an Schnee und Eis und ihrer Todesverachtung in die Flucht schlugen. So ließ mein Freund als Historiker in der Tradition virtuoser Kommentatoren und Erzähler der Menschheitsgeschichte wie Steven Runciman oder Georges Duby historische Ereignisse wie die Szenen eines Rollbilds vorübergleiten und löste Geschichte in Geschichten auf, in Erzählungen vom menschlichen Leben und Tod, von Machtgier, Herrschaft und Vergeblichkeit.

Als bei diesem Erzähler, es war noch vor dem Beginn der Arbeit an diesem Buch und wenige Wochen nach einer Bergwanderung, während der er sich müde, ungeschickt und stets gefährdet zu stolpern, zu stürzen erlebt hatte, jene ALS diagnostiziert wurde, die nach den Wahrscheinlichkeitsrechnungen der Statistiker als *Amyotrophe Lateralsklerose* in der für solche Befunde vermessenen Region nur einen einzigen von einhunderttausend Menschen befällt, beschloß der Erkrankte in den Pausen, die ihm die Verzweiflung in der ersten Zeit nach dieser Diagnose beließ, das vorliegende Werk oder zumindest seinen ersten Abschnitt zu beginnen.

Aber innerhalb eines einzigen Jahres machte ihm diese unheilbare und wegen ihrer Seltenheit wenig erforschte Krankheit das Gehen, das Greifen, das Schlucken, Essen und Trinken und schließlich das Atmen schwerer und schwerer und sollte ihn am Ende nahezu vollständig lähmen – und töten. Aber Ralf ging, Ralf dachte und schrieb durch alle Stadien des Übels weiter, selbst als es kein Argument mehr gegen die Gewißheit gab, daß ihm für die Verwirklichung seines ursprünglichen Planes – eine Kulturgeschichte der Alpen von der Urgeschichte über die Antike bis in die Gegenwart zu verfassen – keine Zeit mehr bleiben würde. Schon der erste Abschnitt dieses so groß gefaßten Werkes ließ allerdings vergessen, daß hier noch etwas, noch mehr, noch viel mehr kommen sollte, weitere Bände, weitere Kapitel: *Die Alpen in der Antike.* War denn einem Abschnitt, war denn einem Buch, das diesen Titel trug, tatsächlich noch etwas hinzuzufügen? Oder war ein solcher Band nicht vielmehr ein in sich harmonisch geschlossener Teil eines dehnbaren Ganzen?

Wenige Tage vor seinem Tod im April 2016 setzte Ralf den Punkt hinter den letzten Satz dieses vollendeten unvollendeten Werkes. Er konnte zu dieser Zeit nicht mehr sprechen, nicht mehr schlucken, nicht mehr essen und trinken, vermochte aber die Tastatur seines Computers noch mit zwei Fingern zu bedienen: Er konnte schreiben, er konnte erzählen – und immer noch lächeln, wenn er auf dem kleinen Bildschirm seines Sprachcomputers, mit dem er nie sprach, immer nur schrieb, Bemerkungen wie jene erscheinen ließ, daß er nun wenigstens gegenüber den Unglücklichen, den Armseligen und Geschlagenen dieser Welt kein schlechtes Gewissen mehr haben müsse; er sei nun einer von ihnen.

Schreibend, lesend, machten wir uns in diesen letzten Tagen gemeinsam noch einmal auf den Weg hinauf zur Höhe des Donnerpasses, obwohl ich diesen Weg und alles, was unterwegs geschehen war, nur aus seinen und den Erzählungen Reinhold Messners kannte. Noch einmal unterhielten wir uns über seine blutigen Füße und deren Spuren im Schnee und über die größte, schmerzhafte Höhe seines Lebens: er mit zwei Fingerkuppen schreibend, ich lesend, sprechend, fragend. Und als wir in dieser Erzählung die Paßhöhe endlich erreichten, war Ralf so erschöpft wie damals, in den Schneewirbeln der Vergangenheit. Ich saß und wartete auf die Fortsetzung der Geschichte, drei Tage blieben ihm damals noch in dieser Welt. Aber er schlief ein.

Und so habe ich, ein hilfloser Freund an seinem Krankenlager, versucht, die Geschichte zu einem möglichen Ende zu bringen, während er schlief, einem Ende, dem er vielleicht zugestimmt, dem er vielleicht aber auch, lächelnd über meinen Hang zur Romantik, widersprochen hätte. Ich sah also meinen Freund im Schnee kauern, im Windschatten eines jener von Gebetsfahnen, *Windpferdchen*, umflatterten Steinmäler, mit denen die Paßhöhen des Himalaya den Göttern geweiht werden. Dort war es bis auf das Geräusch der Windpferdchen still und seltsam mild. Es wurde ja Frühling.

Thirta, der Tamang, hat schon Feuer gemacht und Buttertee zubereitet. Und als er Ralf eine Schale reicht, die der Erschöpfte, ohne zu trinken, mit beiden Händen umfaßt, um sich daran zu wärmen, sehe ich zwischen den Fingern meines Freundes einige Haare aus dem Roßschweif in jene Richtung wehen, in der Mustang liegt, das von Schneewirbeln verborgene Ziel in der Tiefe.

Quellen- und Literaturverzeichnis

I Wie und warum Ötzi, der Tiroler Eismann, starb

Literatur

Asingh, Pauline / Lynnerup, Niels (Hg.): Grauballe Man. An Iron Age Bog Body Revisited, Aarhus 2007.

Bätzing, Werner: Die Alpen. Geschichte und Zukunft einer europäischen Kulturlandschaft, München 2015[4].

Bertemes, François: Zur Entstehung von Macht, Herrschaft und Prestige in Mitteleuropa, in: Harald Meller (Hg.): Der geschmiedete Himmel. Die weite Welt im Herzen Europas vor 3600 Jahren, Stuttgart 2004, S. 150–153.

Bick, Almut: Die Steinzeit, Stuttgart 2012[2].

Bradley, Ian: The Power of Sacrifice, London 1995.

Brock, Thomas: Moorleichen. Zeugen vergangener Jahrtausende, Stuttgart 2009.

Brunner, Erwin: Ötzi – Die letzten Tage des Eismannes, in: Erwin Brunner (Hg.): Das Fenster zur Welt. Die besten National Geographic-Reportagen, München 2011, S. 320–343.

Fleckinger, Angelika: Ötzi, der Mann aus dem Eis. Alles Wissenswerte zum Nachschlagen und Staunen, Bozen 2014[7].

Dies. (Hg.): Ötzi 2.0. Eine Mumie zwischen Wissenschaft, Kult und Mythos, Stuttgart 2011.

Gartner, Bettina: Frozen Ötzi Superstar, in: ZEIT ARCHÄOLOGIE, Februar 2015, S. 36–38.

Green, Miranda Aldhouse: Menschenopfer. Ritualmord von der Eisenzeit bis zum Ende der Antike, Essen 2003.

Husemann, Dirk: Tod im Neandertal. Akte Ötzi. Tatort Troja. Die ungelösten Fälle der Archäologie, Stuttgart 2012.

Kriesch, Elli G.: Ötzi – der Gletschermann und seine Welt, München 2001.

Küster, Hansjörg: Geschichte der Landschaft in Mitteleuropa. Von der Eiszeit bis zur Gegenwart, München 2010[4].

Lippert, Andreas: Wirtschaft und Handel in den Alpen. Von Ötzi bis zu den Kelten, Stuttgart 2012.

Märtin, Ralf-Peter u. a.: Jenseits des Horizonts. Raum und Wissen in den Kulturen der alten Welt, Stuttgart 2012.

Mathieu, Jon: Die Alpen. Raum, Kultur, Geschichte, Stuttgart 2015.

Parzinger, Hermann: Die Kinder des Prometheus. Eine Geschichte der Menschheit vor der Erfindung der Schrift, München 2014.

Pauli, Ludwig: Die Alpen in Frühzeit und Mittelalter. Die archäologische Entdeckung einer Kulturlandschaft, München 1980.

Pernicka, Ernst: Die Anfänge der Metallurgie in Mitteleuropa, in: Harald Meller (Hg.): Der geschmiedete Himmel. Die weite Welt im Herzen Europas vor 3600 Jahren, Stuttgart 2004, S. 134–135.

Reinhard, Johan: Who killed the Iceman? New find raises questions about prehistoric mummy, in: National Geographic, 2/2002.

Righi, Luisa / Wallisch, Stefan: Ötzi, die Räter und die Römer. Archäologische Ausflüge in Südtirol, Bozen 2009.

Schäfer, Dieter (Hg.): Das Mesolithikum-Projekt Ullafelsen (Teil 1). Mensch und Umwelt im Holozän Tirols, Innsbruck 2011.

Schnurbein, Siegmar von (Hg.): Atlas der Vorgeschichte. Europa von den ersten Menschen bis Christi Geburt, Darmstadt 2014[3].

Stöllner, Thomas: Wirtschaftswunder und Güterverkehr, in: Archäologie in Deutschland 4/2015, S. 30–33.

Trachsel, Martin: Ur- und Frühgeschichte. Quellen, Methoden, Ziele, Zürich 2008.

Tufts, Sara: The Discovery of the Iceman and a Series of Theories: A Review of the Literature, S. 1–3, www.people.umass.edu/curtis.

Vanzetti, A. u. a.: The Iceman as a burial, in: Antiquity 84/2010, S. 681–692.

Zryd, Amédée: Eine kleine Geschichte der Gletscher. Die Alpengletscher im Klimawandel, Bern u. a. 2008.

II Kupfer, Salz und Eisen – Die Alpen in der Bronze- und Eiszeit

Literatur

Behringer, Wolfgang: Kulturgeschichte des Klimas. Von der Eiszeit bis zur globalen Erwärmung, München 2008[3].

Fischer, Thomas: Noricum, Mainz 2002.

Hänsel, Bernhard: Die Bronzezeit 2200–800 v. Chr., in: Siegmar von Schnurbein (Hg.): Atlas der Vorgeschichte. Europa von den ersten Menschen bis Christi Geburt, Darmstadt 2014[3], S. 106–149.

Huth, Christoph: Hortfunde und Deponierungen: Gaben an die Götter oder Recycling?, in: Archäologie in Deutschland 4/2015, S. 28–29.

Kern, Anton u. a. (Hg.): Salz-Reich. 7000 Jahre Hallstatt, Wien 2008.

Küster, Hansjörg: Geschichte der Landschaft in Mitteleuropa. Von der Eiszeit bis zur Gegenwart, München 2010[4].

Leuzinger, Urs: Ötzi & Co. – Alpentransit in der Ur- und Frühgeschichte, in: Uwe A. Oster (Hg.): Wege über die Alpen. Von der Frühzeit bis heute, Darmstadt 2006, S. 9–30.

Lippert, Andreas: Wirtschaft und Handel in den Alpen. Von Ötzi bis zu den Kelten, Stuttgart 2012.

Maier, Bernhard: Die Kelten. Ihre Geschichte von den Anfängen bis zur Gegenwart, München 2000.

Ders.: Die Kelten. Geschichte, Kultur, Sprache. Ein Studienbuch, Stuttgart 2015.

Oeggl, Klaus: Vegetationsgeschichte und Landnutzung, in: Thomas Stöllner / Klaus Oeggl (Hg.): Bergauf Bergab. 10 000 Jahre Bergbau in den Ostalpen, Bochum 2015, S. 43–49.

Pare, Christopher: Hocker – Hügel – Urnen: Bestattungssitten der Bronzezeit, in: Archäologie in Deutschland 4/2015, S. 24–27.

Pauli, Ludwig: Die Alpen in Frühzeit und Mittelalter. Die archäologische Entdeckung einer Kulturlandschaft, München 1980.

Pany-Kucera, Doris u. a.: Auf den Kopf gestellt? Überlegungen zu Kinderarbeit und Transport im prähistorischen Salzbergwerk Hallstatt, in: Mitteilungen der Anthropologischen Gesellschaft in Wien 140, 2010, S. 39–68.

Park, Graham: Die Geologie Europas, Darmstadt 2015.

Pernicka, Ernst / Lutz, Joachim: Fahlerz- und Kupferkiesnutzung in der Bronze- und Eisenzeit, in: Thomas Stöllner / Klaus Oeggl (Hg.): Bergauf, Bergab. 10 000 Jahre Bergbau in den Ostalpen, Bochum 2015, S. 107–111.

Primas, Margarita: Bronzezeit zwischen Elbe und Po. Strukturwandel in Zentraleuropa 2200–800 v. Chr. (Universitätsforschungen zur prähistorischen Archäologie 150), Bonn 2008.

Ransmayr, Christoph: Die letzte Welt, Nördlingen 1988.

Rieckhoff, Sabine / Biel, Jörg: Die Kelten in Deutschland, Stuttgart 2001.

Rothe, Peter: Die Erde, Darmstadt 2015³.

Stöllner, Thomas / Oeggl, Klaus (Hg.): Bergauf Bergab. 10 000 Jahre Bergbau in den Ostalpen, Wissenschaftlicher Beiband, Bochum 2015.

Stöllner, Thomas: Die alpinen Kupfererzreviere: Aspekte ihrer zeitlichen, technologischen und wirtschaftlichen Entwicklung im zweiten Jahrtausend vor Christus, in: Thomas Stöllner / Klaus Oeggl (Hg.): Bergauf Bergab. 10 000 Jahre Bergbau in den Ostalpen, Bochum 2015, S. 99–105.

Ders.: Der Mitterberg als Großproduzent für Kupfer in der Bronzezeit, in: ebd., S. 175–185.

Ders. u. a.: Kupfer, Salz und Feuerstein – Rohstoffe aus den Alpen, in: Archäologie in Deutschland 6/2015, S. 64–67.

Ders.: Das Alpenkupfer der Bronze- und Eisenzeit: Neue Aspekte der Forschung, in K. Schmotz (Hg.): Vorträge des 29. Niederbayerischen Archäologentages, Deggendorf 2011, S. 25–70.

Tomedi, Gerhard: Eliten der Früh- und Mittelbronzezeit und ihre Beziehungen zum Kupferbergbau der Ostalpen, in: Thomas Stöllner / Klaus Oeggl (Hg.): Bergauf Bergab. 10 000 Jahre Bergbau in den Ostalpen, Bochum 2015, S. 265–271.

Trachsel, Martin: Ur- und Frühgeschichte. Quellen, Methoden, Ziele, Zürich 2008.

III Hannibal der Alpenbezwinger

Quellen

Cassius Dio: Römische Geschichte, Bd. 1, Düsseldorf 2007.
Titus Livius: Römische Geschichte. Der Punische Krieg 218–201, Stuttgart 1968.
Cornelius Nepos: Berühmte Männer, München 1978[6].
Polybios: Geschichte, Bd. 1, Zürich 1961.
Plutarch: Große Griechen und Römer, Bd. VI, Zürich u. Stuttgart 1965.

Literatur

Barceló, Pedro: Hannibal. Stratege und Staatsmann, Stuttgart 2004.
Ders.: Hannibal, München 2003[2].
Beer, Gavin de: Alps and Elephants, London 1955.
Ders.: Hannibal. Ein Leben gegen Rom, München 1976[3].
Behringer, Wolfgang: Kulturgeschichte des Klimas. Von der Eiszeit bis zur globalen Erwärmung, München 2008[3].
Bengtson, Hermann: Römische Geschichte, München 1995[7].
Bleicken, Jochen: Geschichte der römischen Republik, München 2004[6].
Bringmann, Klaus: Geschichte der römischen Republik. Von den Anfängen bis Augustus, München 2002.
Burckhardt, Leonhard: Militärgeschichte der Antike, München 2008.
Christ, Karl: Hannibal, Darmstadt 2003.
Ders. (Hg.): Hannibal (= Wege der Forschung 371), Darmstadt 1974.
Conolly, Peter: Greece and Rome at War, London 2006.
Dahlheim, Werner: Die Antike. Griechenland und Rom, Paderborn u. a. 1994.
Delbrück, Hans: Geschichte der Kriegskunst im Rahmen der politischen Geschichte, Bd. 1 Altertum, Berlin 1964 (Nachdruck der 3. Aufl. 1920).
Fuchs, Joseph: Hannibals Alpenübergang. Ein Studien- und Reiseergebnis, Wien 1897.
Garland, Robert: Hannibal. Das gescheiterte Genie, Darmstadt 2012.
Goldsworthy, Adrian: The Punic Wars, London 2000.

Grieser, Dietmar: Historische Straßen in Europa, München 1983.
Hannibal ad portas. Macht und Reichtum Karthagos, Stuttgart 2004.
Head, Duncan: Armies of the Macedonian and Punic Wars, 359 BC to 146 BC: Organisation, Tactics, Dress and Weapons, Goring-by-Sea 1982.
Heftner, Herbert: Der Aufstieg Roms. Vom Pyrrhoskrieg zum Fall Karthagos (280–146 v. Chr.), Regensburg 2005[2].
Heinz, Werner: Reisewege der Antike. Unterwegs im Römischen Reich, Stuttgart 2003.
Heuß, Alfred: Römische Geschichte, Braunschweig 1976[4].
Huß, Werner: Geschichte der Karthager, München 1985.
Ders.: Karthago, München 2004[3].
Jia, Ania: In the Alps, hunting for Hannibal's trail, Stanford Report, May 16, 2007.
Klee, Margot: Lebensadern des Imperiums. Straßen im römischen Reich, Stuttgart 2010.
Lancel, Serge: Hannibal, Düsseldorf / Zürich 1998.
Lauffer, Siegfried: Daten der griechischen und römischen Geschichte, München 1987.
Lazenby, John F.: Hannibal's War. A Military History of the Second Punic War, Warminster 1978.
Lehmann, Konrad: Die Angriffe der drei Barkiden auf Italien, Berlin 1905.
Maschkin, Nikolaj A.: Römische Geschichte, Berlin 1953.
Mathieu, Jon: Die Alpen. Raum, Kultur, Geschichte, Stuttgart 2015.
Meltzer, O./Kahrstedt, U.: Geschichte der Karthager, 3 Bde., Berlin 1879–1913.
Meyer, Ernst: Hannibals Alpenübergang, in: Museum Helveticum 15, 1958, S. 227–241.
Mommsen, Theodor: Römische Geschichte, Bd. I, Darmstadt 2010.
Oster, Uwe A. (Hg.): Wege über die Alpen. Von der Frühzeit bis heute, Darmstadt 2006.
Penrose, Jane: Rom und seine Feinde. Kriege – Taktik – Waffen, Stuttgart 2007.
Prevas, John: Hannibal Crosses the Alps. The Invasion of Italy and the Second Punic War, Cambridge 1988.
Scheffel, Paul Hugo: Verkehrsgeschichte der Alpen, Bd. 1, Berlin 1908.

Schmitt, Tassilo: Hannibals Siegeszug. Historiographische und historische Studien vor allem zu Polybios und Livius, München 1991.
Schulz, Raimund: Feldherren, Krieger und Strategen. Krieg in der Antike von Achill bis Attila, Stuttgart 2012.
Scullard, Howard Hayes: The Elephant in the Greek and Roman World, London 1974.
Seibert, Jakob: Der Alpenübergang Hannibals, in: Gymnasium XCV (1988), S. 21–73.
Ders.: Hannibal, Darmstadt 1993.
Ders.: Forschungen zu Hannibal, Darmstadt 1993.
Ders.: Hannibal als Feldherr, in: Hannibal ad portas. Macht und Reichtum Karthagos, Stuttgart 2004, S. 26–35.
Simler, Josias: Die Alpen, neu hg. vom DAV, Weinsberg 1984.
Sonnabend, Holger: Die Grenzen der Welt. Geographische Vorstellungen der Antike, Darmstadt 2007.
Wägner, Wilhelm: Rom. Geschichte des römischen Volkes und seiner Kultur, Leipzig 1905[8].
Zimmermann, Klaus: Rom und Karthago, Darmstadt 2005.

IV Die Kimbern kamen nicht über den Brenner

Quellen

Augustus: Meine Taten, München u. Zürich 1985[4].
Cicero: Gespräche in Tusculum, Stuttgart 1997.
Florus: Römische Geschichte, Darmstadt 2005.
Goetz, Hans-Werner / Welwei, Karl-Wilhelm (Hg.): Altes Germanien, Bd. 1, Kimbern und Teutonen, Darmstadt 1995, S. 201–271.
Plutarch: Große Griechen und Römer, Bd. VI, Marius, Zürich 1965.
Strabo: Geographica, Wiesbaden 2005.

Literatur

Bleckmann, Bruno: Die Germanen. Von Ariovist bis zu den Wikingern, München 2009.
Bringmann, Klaus: Geschichte der römischen Republik. Von den Anfängen bis Augustus, München 2002.
Heuß, Alfred: Römische Geschichte, Braunschweig 1960[4].

Krause, Arnulf: Die Geschichte der Germanen, Frankfurt am Main u. New York 2005[2].

Märtin, Ralf-Peter: Furor Teutonicus, in: Ders.: Die Varusschlacht. Rom und die Germanen, Frankfurt am Main 2010[6], S. 15–20.

Scheffel, Paul Hugo: Verkehrsgeschichte der Alpen, Bd. 1, Berlin 1908.

Simek, Rudolf: Die Germanen, Stuttgart 2006.

Thommen, Lukas: Gaius Marius – oder: der Anfang vom Ende der Republik, in: Karl-Joachim Hölkeskamp / Elke Stein-Hölkeskamp (Hg.): Von Romulus zu Augustus. Große Gestalten der römischen Republik, München 2000, S. 187–198.

Timpe, Dieter: Kimberntradition und Kimbernmythos, in: Dieter Timpe: Römisch-germanische Begegnung in der späten Republik und frühen Kaiserzeit. Gesammelte Studien, München u. Leipzig 2006, S. 63–113.

V Die Römer in den Alpen

Quellen

Augustus: Meine Taten, München und Zürich 1985[4].

Caesar, Iulius C.: Der Gallische Krieg, hg. von Otto Schönberger, München u. Zürich 1990.

Cassius Dio: Römische Geschichte, Bd. III u. IV, Düsseldorf 2007.

Livius: Römische Geschichte, Buch I–V, Stuttgart 2015.

Plinius: Naturkunde, Bücher III u. IV, Düsseldorf u. Zürich 2002[2].

Strabo: Geographica, Wiesbaden 2005.

Sueton: Kaiserbiographien, Berlin 1993.

Tacitus: Annalen, München 1982.

Literatur

Bender, Helmut: Römischer Straßen- und Reiseverkehr, in: Ludwig Wamser (Hg.): Die Römer zwischen Alpen und Nordmeer, Düsseldorf 2000, S. 255–263.

Carroll, Maureen: Römer, Kelten und Germanen. Leben in den germanischen Provinzen Roms, Stuttgart 2003.

Cartellieri, Walther: Die römischen Alpenstrassen über den Brenner, Reschen-Scheideck und Plöckenpass mit ihren Nebenlinien, Leipzig 1926.

Cech, Brigitte: Technik in der Antike, Darmstadt 2010.

Christ, Karl: Zur römischen Okkupation der Zentralalpen und des nördlichen Alpenvorlandes, Historia 6, 1957, S. 416–428.

Dietz, Karlheinz: Okkupation und Frühzeit, in: Wolfgang Czys u. a., Die Römer in Bayern, Hamburg 2005, S. 18–99.

Fischer, Thomas: Noricum, Mainz 2002.

Goetz, Hans-Werner / Welwei, Karl-Wilhelm (Hg.): Altes Germanien, Bd. 1, Darmstadt 1995.

Grabherr, Gerald: Händler und Legionäre – Die Alpenpässe in römischer Zeit, in: Uwe A. Oster (Hg.): Wege über die Alpen. Von der Frühzeit bis heute, Darmstadt 2006, S. 31–56.

Gschlößl, Roland: Die Räter. Geheimnisvolles Alpenvolk, in: Bayerische Archäologie 4/2011, S. 6–40.

Heinz, Werner: Reisewege der Antike. Unterwegs im Römischen Reich, Stuttgart 2003.

Klee, Margot: Lebensadern des Imperiums. Straßen im römischen Reich, Stuttgart 2010.

Märtin, Ralf-Peter: Die Varusschlacht. Rom und die Germanen, Frankfurt am Main 2010[6].

Martin-Kilcher, Stefanie: Römer und gentes Alpinae im Konflikt – archäologische und historische Zeugnisse des 1. Jahrhunderts v. Chr., in: Günther Moosbauer / Rainer Wiegels (Hg.): Fines imperii – imperium sine fine? Römische Okkupations- und Grenzpolitik im frühen Principat, Rahden / Westf. 2011, S. 27–62.

Dies.: Archäologische Spuren der römischen Okkupation zwischen Alpen und Hochrhein und die städtische Besiedelung der civitas Helvetiorum im 1. Jh. v. Chr., in: Gustav Adolf Lehmann / Rainer Wiegels (Hg.): »Über die Alpen und über den Rhein …« Beiträge zu den Anfängen und zum Verlauf der römischen Expansion nach Mitteleuropa, Berlin u. Boston 2015, S. 235–282.

Mommsen, Theodor: Römische Geschichte, Darmstadt 2010.

Nuber, Hans Ulrich: P. Quinctilius Varus, Legatus Legionis XIX – zur Interpretation der Bleischeibe aus Dangstetten, Lkr. Waldshut, in: Archäologisches Korrespondenzblatt 2/2008, S. 223–232.

Ders.: P. Quinctilius Varus siegte … als legatus Augusti in Süddeutschland, in: 2000 Jahre Varusschlacht, Imperium, Stuttgart 2009, S. 106–113.

Pauli, Ludwig: Die Alpen in Frühzeit und Mittelalter. Die archäologische Entdeckung einer Kulturlandschaft, München 1980.

Pichler, Alfred / Gleirscher, Paul: Zum Goldreichtum der »norischen Taurisker« – Lagerstätten versus antike Quellen, in: Archäologisches Korrespondenzblatt 1/2011, S. 51–64.

Rageth, Jürg: Ein frührömisches Militärlager auf dem Septimerpass. Untersuchungen 2007/2008, in: Helvetia Archaeologica 40, 2009, Nr. 159/160, S. 97–112.

Righi, Luisa / Wallisch, Stefan: Ötzi, die Räter und die Römer. Archäologische Ausflüge in Südtirol, Bozen 2009.

Scheffel, Paul Hugo: Die Brennerstraße zur Römerzeit, Berlin 1912.

Ders.: Verkehrsgeschichte der Alpen, Bd. 1, Berlin 1908.

Zanier, Werner: Beiträge im Katalogteil in: 2000 Jahre Varusschlacht, Imperium, Stuttgart 2009, S. 272–276.

Ders.: Der Alpenfeldzug 15 v. Chr. und die augusteische Okkupation in Süddeutschland, in: Ludwig Wamser (Hg.): Die Römer zwischen Alpen und Nordmeer, Düsseldorf 2000, S. 11–17.

Ders.: Römische Waffenfunde vom Alpenfeldzug 15 v. Chr., in: Harald Meller (Hg.): Schlachtfeldarchäologie, Halle 2009, S. 89–97.

Ders.: Die Eroberung der Alpen, in: Archälogie in Deutschland 4/2014, S. 22–23.

VI Spätantike und Völkerwanderung

Quellen

Cassius Dio: Römische Geschichte, Bd. V, Düsseldorf 2007.

Eugippius: Vita Sancti Severini. Das Leben des heiligen Severin, Stuttgart 1999².

Goetz, Hans-Werner / Welwei, Karl-Wilhelm (Hg.): Altes Germanien, Zweiter Teil, Darmstadt 1995.

Ammianus Marcellinus, Römische Geschichte, 4 Bde., Berlin 1968–1971.

Prokop: Gotenkriege, München 1978².

Literatur

Bätzing, Werner: Die Alpen. Geschichte und Zukunft einer europäischen Kulturlandschaft, München 2015⁴.

Billigmeier, Robert H.: Land und Volk der Rätoromanen. Eine Kultur- und Sprachgeschichte, Frauenfeld 1983.

Bleckmann, Bruno: Die Germanen. Von Ariovist bis zu den Wikingern, München 2009.

Catrina, Werner: Die Rätoromanen zwischen Resignation und Aufbruch, Zürich u. Schwäbisch Hall 1983.

Ciresa, Maximilian: Raetia Romanica. Das alpine Osträtien – Alttirol – im ersten Jahrtausend nach Christus, Norderstedt 2010.

Demandt, Alexander: Geschichte der Spätantike. Das Römische Reich von Diocletian bis Justinian, München 1998.

Fehr, Hubert / Heitmeier, Irmtraut (Hg.): Die Anfänge Bayerns. Von Rätien und Noricum zur frühmittelalterlichen Baiovaria, St. Ottilien 2012.

Fischer, Thomas: Noricum, Mainz 2002.

Forni, Marco: Begegnung mit den Dolomitenladinern, Martin de Tor 2008.

Girardet, Klaus Martin: Gratian, in: Manfred Clauss (Hg.): Die römischen Kaiser. 55 historische Porträts von Caesar bis Iustinian, München 2010[4], S. 354–361.

Haas-Gebhard, Brigitte: Die Bajuwaren. Archäologie und Geschichte, Regensburg 2013.

Dies.: Fremdes Aussehen – fremde Frauen, in: Archäologie in Deutschland 3/2015, S. 28–29.

Haberstroh, Jochen: Wanderten oder wanderten sie nicht?, in: Archäologie in Deutschland 3/2015, S. 24–25.

Heather, Peter: Der Untergang des römischen Weltreichs, Stuttgart 2007.

Hoof, Christine van: Valentinian I., in: Manfred Clauss (Hg.): Die römischen Kaiser. 55 historische Porträts von Caesar bis Iustinian, München 2010[4], S. 341–347.

Insam, Lara u. a. (Hg.): Das neue Porträt Ladiniens. Ethnizität, Tourismus, Kulturlandschaft in den Dolomiten, Innsbruck 2014.

Kehne, Peter: Rom in Not. Zur Geschichte der Markomannenkriege, in: 2000 Jahre Varusschlacht, Konflikt, Stuttgart 2009, S. 106 f.

Komoróczy, Balázs: Germanische »Könige« unter Roms Einfluss, in: Archäologie in Deutschland 1/2016, S. 38–39.

Ders.: Marcomannia. Der Militärschlag gegen Marcomannen und Quaden – ein archäologischer Survey, in: 2000 Jahre Varusschlacht, Konflikt, Stuttgart 2009, S. 114–125.

Künzl, Ernst: Die Germanen. Geheimnisvolle Völker aus dem Norden, Stuttgart 2008.

Langes, Gunther: Ladinien. Kernland der Dolomiten, Bozen 1979.

Moosbauer, Günther: Straubing zwischen Spätantike und Frühmittelalter, in: Archäologie in Deutschland 3/2015, S. 32–33.

Moroder, Tobia (Hg.): Die Dolomitenladiner. Mensch, Landschaft, Kultur, Wien u. Bozen 2016.

Päffgen, Bernd: Bajuwaren – ein spannendes Thema, in: Archäologie in Deutschland 3/2015, S. 20–22.

Pauli, Ludwig: Die Alpen in Frühzeit und Mittelalter. Die archäologische Entdeckung einer Kulturlandschaft, München 1980.

Reinhardt, Volker: Die Geschichte der Schweiz. Von den Anfängen bis heute, München 2013².

Rettner, Arno: Romanen des 5. und 6. Jahrhunderts in Deutschland unter besonderer Berücksichtigung von Südbayern, in: Rom und die Barbaren. Europa zur Zeit der Völkerwanderung, Bonn 2008.

Scheffel, Paul Hugo: Verkehrsgeschichte der Alpen, Bd. 1, Berlin 1908.

Steidl, Bernd: Enge Nachbarn – unterschiedliche Welten, in: Archäologie in Deutschland 1/2016, S. 34–37.

Ward-Perkins, Bryan: Der Untergang des Römischen Reiches und das Ende der Zivilisation, Darmstadt 2007.

Wiemer, Hans-Ulrich: Iulian, in: Manfred Clauss (Hg.): Die römischen Kaiser. 55 historische Porträts von Caesar bis Iustinian, München 2010⁴, S. 334–341.

Winckler, Katharina: Die Alpen im Frühmittelalter. Die Geschichte eines Raumes in den Jahren 500 bis 800, Wien u. a. 2012.

VII Der Sieg des Christentums in den Alpen

Literatur

Baus, Karl: Handbuch der Kirchengeschichte, Bd. 1, Von der Urgemeinde zur frühchristlichen Großkirche, Freiburg 1999.

Bloch, Ernst: Das Prinzip Hoffnung, Kapitel 43–55, Frankfurt am Main 1985.

Brown, Peter: Die letzten Heiden. Eine kleine Geschichte der Spätantike, Berlin 1986.

Clauss, Manfred: Ein neuer Gott für die alte Welt. Die Geschichte des frühen Christentums, Berlin 2015.

Junghans, Siegfried: Sweben, Alamannen und Rom, Stuttgart 1986.

Lauster, Jörg: Die Verzauberung der Welt. Eine Kulturgeschichte des Christentums, München 2015[3].

Märtin, Ralf-Peter: Alpinismus und Christentum: Das Kreuz auf dem Gipfel, in: Jahrbuch 2007 der Deutschen Gesellschaft für Geschichte der Sportwissenschaft e.V., S. 62–80.

Maier, Bernhard: Die Religion der Kelten. Götter, Mythen, München 2001.

Pauli, Ludwig: Die Alpen in Frühzeit und Mittelalter. Die archäologische Entdeckung einer Kulturlandschaft, München 1980.

Ratti, Achille (d.i. Papst Pius XI.): Alpine Schriften, Berlin 1925.

Römer, Alamannen, Christen. Frühmittelalter am Bodensee, Frauenfeld 2015.

Rüpke, Jörg: Von Jupiter zu Christus. Religionsgeschichte in römischer Zeit, Darmstadt 2015[2].

Scheffel, Paul Hugo: Verkehrsgeschichte der Alpen, Bd. 2, Das Mittelalter, Berlin 1914.

Schwaiger, Georg (Hg.): Mönchtum, Orden, Klöster. Von den Anfängen bis zur Gegenwart, München 1993.

Voragine, Jacobus de: Die Legenda Aurea, Heidelberg 1984.

Winckler, Katharina: Die Alpen im Frühmittelalter. Die Geschichte eines Raumes in den Jahren 500 bis 800, Wien u.a. 2012.

Winkelmann, Friedhelm: Geschichte des frühen Christentums, München 2013.

Orts- und Namensregister